うまくやる

熊野森人

コミュニケーション
が変わる
25のレッスン

あさ出版

はじめに

あなたは、次のようなことで困っていたり、悩んでいたりしませんか？

いまの職場や学校が自分に向いていない気がする。
どんなに頑張っても成績が上がらない。
じぶんとは違う世代と話が合わず、浮いた感じがする。
就職・転職活動がうまくいかない。
友達のようにSNSで共感してもらえない。
じぶんのやりたいことが見つからない。

そのような、うまくいかない「壁」みたいなものを前にして、「じぶんが悪いんだ」「じぶんの努力が足りないからだ」と、なかばあきらめてしまったり、反省ばかりしていないでしょうか？

これらの原因は、何もあなたが悪いからでも、あなたの努力が足りないからでもありません。ただ相手やものごとに対するアプローチに問題があるだけなのです。

こうしたことをコミュニケーションを通してうまく解決していく方法、それが本書で紹介する『うまくやる』方法です。専門的に言えば、これは心理学や認知科学の領域でもあり、人と人との間に生まれる関係性をデザインしていく「コミュニケーションデザイン」と言われる手法のひとつです。


申し遅れました、熊野森人と申します。

僕の仕事の肩書きはクリエイティブディレクターと大学講師です。東京で株式会社エレダイ2という会社と、株式会社ゆっくりおいしいねむたいなという小さな会社の代表をしています。

クリエイティブディレクターとしての仕事では、企業や省庁の「こんなものを発売したい（発表したい）」といったニーズに対して、サービスや商品の特性と人々の生活や欲求を踏まえ、どうやったら人気が出るのかを考えたり、会社や組織が抱える問題に、業界または会社特有の風習、癖に囚われない外からの視点や新しい視点で解決策を提案したりしています。

クライアントは、ソニー、エフエム東京、電通、博報堂、ANA、Googleなどの大きな会社からスタートアップの小さな会社までさまざまで、少し変わったところではポケモン関係のブランディングなどもやっています。

仕事の内容は多岐にわたり、ミーティングを重ねてプランを出すことだけがお仕事の場合もありますし、映像や、WEB、グラフィックデザイン、プロダクトデザイン、ロゴ、言葉（コピー）といったパッケージなどをつくることもあります。

例えば「笑う」という表現には（笑）、ww、草、などさまざまありますが、伝えたい側がこれだ！　と思う「笑う」を使ったとしても、伝えられる側のルールでは「笑えない」ことになってしまう、なんてことがあります。そんな小さな誤差のようなものを埋めながら、ものごとを設計していくのがコミュニケーションデザインと言われるものであり、僕の仕事だと考えてもらうとわかりやすいかもしれません。

もうひとつの肩書の大学講師では、京都精華大学のデザイン学部で二回生に「コミュニケーション論」というものを教えています。

授業のキャッチコピーは「かっこいいもの、かわいいもの、きれいなもの、怖いものなど、全てのものには理由がある」と大げさなものを掲げ、無意識に読み取っている社会のルール（コード）を発見、理解することで、それを応用してものをつくりましょう、他者とコミュニケーションを取りましょう、そうすることでうまくじぶんをブランディングしていきましょうというものです。

つまり、僕が長年ブランディングや、広告制作、大学での講義を通して培ってきた、コミュニケーションデザインをベースとした、使える考え方や知恵を紹介しながら、みなさんが日頃頑張っているのになかなか結果が出ない事柄や、うまくいかない事柄といった「壁」のようなものを乗り越えるヒントをお伝えさせていただこうというのが、この本の趣旨というわけです。

具体的には次のことをこの本で学んでいきます。

チャプター1ではコミュニケーションの主体となるじぶんを掘り下げます。じぶんはどのように世間を見ているのか、または反対に見られているのか。次に、どのように見せたいのか、見られたいのか。理想と現実のギャップを埋めるには何をすればいいのか、その解決方法を探っていきます。

続くチャプター2では、世の中に潜むルール（コード）を発見した上で、それをうまく活用して、じぶんと世間との関係性を改善します。お化粧の仕方を覚えたら、どんな感じにでもじぶんを魅せることができる、みたいな感覚と近いのかもしれません。チャプター3は、はじめてのことをうまくやる順番やものごとをうまく伝えるための順番、じぶんや、じぶんのやりたいことを人により理解してもらうためのストーリーの演出といった、コミュニケーションをデザインする方法を紹介します。

そして、最後のチャプター4では、いまのメディアとのつき合い方、ネットでの承認欲求と炎上の関係性などを紐解き、いまの時代に多くの共感を得るためにどのように情報発信していけばいいのか、その考え方と方法をご紹介します。

人づき合いも、うまくいかなかったものごとも、それぞれを理解して、魅せ方や伝え方の順番などを少し改善するだけで、結果は驚くほど変わってきます！

これから紹介していくコミュニケーションデザインの考え方を通して、みなさんが普段の生活で、より多くのものの見方ができるようになり、またじぶん自身やじぶんが属している組織への捉え方、魅せ方に対して、気づきと行動習慣を変えるきっかけを提供できれば幸いです。

CONTENTS

???
K

Chapter 2

じぶんを演出して、うまく魅せる

Chapter 3

コミュニケーションをデザインして、うまく伝える

Chapter 4
トレンドを読み、うまく発信する

本文イラスト　柳田義幸（eredie2）
本文デザイン・DTP　辻井　知（SOMEHOW）

Prologue

うまくやる授業、開講します！

みなさん、はじめまして。これからの授業よろしくお願いします。

クマ先生、よろしくお願いします！

ではまず自己紹介からお願いしてもよろしいでしょうか？

私は、自動車メーカーに勤めております、最近会社の若者ときちんと意思疎通が取れているか心配な45歳中間管理職です。授業ネームは「カー」です。じぶんの世代の考え方が、どうもいまの若者や世の中とズレてきているような気がして、授業を聞きにきました。

私は、小さなＩＴ系の会社に勤める、25歳です。新卒で入って頑張ってきたのですが、そろそろ他の会社でも働いてみたい欲が出てきました。転職を考えてみるものの、じぶんがどういう人間で、本当は何をしたいのかあらためて考えてみると混乱してきて、授業に参加してみました。授業ネームは「ネコ」でお願いします。

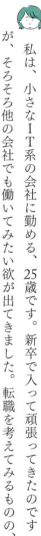

カーさん、ネコさん、あらためてよろしくお願いしますね。

僕はこの授業を通してみなさんに、こうすればうまくできるといった技術を得ていただきたいのではなく、周りの人を観察し、じぶん自身を洞察し、世の中をいろいろな角度から見た上で、じぶんの中での新たな考え方やコミュニケーション方法を見つけて実践していただけるといいなと考えています。

うわー。難しいですね（笑）。もっと簡単にお願いできませんか？

そうですね。ではこんな話はどうでしょう？

ある人は、女性がお化粧することをマナーだと言います。またある人は男性が髭を剃ることをマナーだと言います。

芸能の世界では歯をホワイトニングすることをマナーだと言う人がいて、シワを消すこともマナーだと言う人もいます。

何がどこまでマナーなのかは、国や地域や業界、世代によっても違います。マナーは、人との関係性の上で相手を不快にさせないための紳士協定です。

僕が美大で教えている授業では、絵を描きながら講義を聞いている学生がたくさんいます。美大だから、そんなものと言えば、そんなものなのですが、そんな彼らにマナーに関する、こんな話をしたことがあります。

「いま、僕が話している最中に絵を描いている人がいますよね。僕は別にいいと思っているから『描かないで』とは言いません。みなさんも、別に悪気があったり、それがいけないことだと思ったりしていないから描いている。みなさんの中ではマルチタスクなんですよね。授業を聴きながら絵を描くことは、音楽を聴きながら食事をするのと同じこと。両方できている。言ってしまえば合理的であると」

学生はそうそうと頷きます。

「でも、僕はちょっと寂しい気分になっています。ひとつのそんなに大きくない空間の中、自分が話している時に相手が話を聞いていないように見えると、関係を拒絶されているように感じるのです。他の例をあげると、レストランに来ている一家で、長女はスマホ、長男はゲーム、お父さんとお母さんだけ話しているような状況。車に乗っていて、運転している人以外がみんなスマホを触っているような状況も同じように感じます」

するとある男子学生が、

「それは、じぶんの考えるコミュニケーションの美意識の押し付けではないでしょうか。何事においてもシングルタスクしか許さないのは古い考えだと思います」

と言いました。

なるほど確かに。いまや赤ちゃんもYouTubeでアニメを見ているし、噂に聞くところによると、学校の遠足のバスの車中もみんなで話したり、ゲームをしたりするのではなく、各席に取りつけられたモニターでアニメを見ているらしいので僕は確実に古いと思います。

でも、大学を卒業して社会でそれをやってしまうと、高い確率で古い人たちから怒られてしまうことも事実です。そこで僕は学生に問いかけました。

「みなさんのように、新しいコミュニケーション意識の人、僕のように古いコミュニケーション意識の人、その人たちは断絶する他にどんな共存の仕方があるでしょうか?」

すると「徹底的な話し合い」「古いほうが新しいほうに理解を示す」などの意見が出ましたが、これでは年功序列意識の高い日本ではうまくいかない可能性が高いですよね。

ではどうすればいいのか。答えは、言葉にするとすごく簡単ですが、行動するとすごく難しい、この授業のタイトルにもなっている『うまくやる』ということです。

妥協とも、敵対的交渉とも違うってことですよね。

ええ、先ほども言いましたが、まず周りの人を観察し、じぶん自身を洞察し、世の中をいろいろな角度から見る目を持つことが必要です。その上で、この授業を受けるみなさんには、次のようなことを身につけてほしいと思っています。

まず、**人を見る目、じぶんを見る目が変わる。**
故に、**世界の見方、考え方、コミュニケーションの作法が変わる。**
故に、**空気を読むだけでなく、空気をつくれるようになる。**
故に、**うまくやれるようになる。**

つまり、僕はこの授業を通して、みなさんに**コミュニケーションをデザインできるようになってほしい**と思っているわけです。

なるほどー。なんだか楽しそうだけど、空気をつくるって難しそうですね。私はみんなと一緒なほうが楽かも。
でもその楽なところにいたら「私の得意なこと」や「私だけの個性」みたいなものは見つからない気もします……。

そこもコミュニケーションをデザインする上で重要な点です。昔から日本は同調主義で出る杭は打たれる世界ですが、いまの時代は一般的に、あなたらしいことや、新しいこと、他と違うことは「意識高い」の一言で片づけられてしまったり、空気を読まないこととして扱われたりすることが多くなってきている気がします。
僕が教えている大学でも、毎年学生を観察していると、年々何かの問いに対して、エネルギーを消費せず、敵をつくらずみたいな、どんどん空気を読んだ「正解」を出そうとする傾向にあることが窺えます。正解とされるものをあえて外すことが怖いのだと思います。

「怖い」ですか。確かにみんなと同じ価値観から離れることは怖いかもしれません。

僕の教えている大学の学生にとっての「正解」とは、だいたいググって上位の検索結果に書かれていることだったり、「売れる」とされる概念を含んだものだったりします。つまり、先ほども説明した通り、突飛なものや裏をかいたもの、外したものは空気を読まない悪とされ、評価の平均化したマーケティング的発想を良しとしている傾向にあります。そういうものを否定するつもりはないのですが、そればかりになって同調がすぎると、過去の数字に支配された偏ったものとなります。

僕自身は、新しいものや価値観、世の中を違う視点で見ることで生まれる解決策といったものが、社会の発展や、人々の思考の幅を広げる豊かな生活において、とても重要だと考えています。

そのためには、協調や同調と共に多様性が叫ばれる時代でもあるので、みなさんの主張もなければいけない、とも考えています。

協調と主張ですか。

はい。そのどちらもなければ、うまくやれないと考えます。既存の何かに迎合することだけでなく、新しく、よりよく変わり続けるために、空気を読む力と空気をつくる力の両方の力を持つことができるならば言うことなしです。

確かにそうですね。

この授業が、みなさんの思考の拡張と、コミュニケーション方法のアップデートにつながることによって、性別や年代、価値観の隔たりを越え、よりオープンマインドで、毎日がより楽しめるようになることを心から願っています。

それでは、うまくやる授業を早速はじめていきましょう。

キーンコーンカーンコーン

\\ はじまるよ！//

Chapter 1

じぶん自身を、うまく掘り下げる

LESSON 01

頭の中のイメージの「解像度」を上げる

「お昼を食べに行こう」と思っても、何を食べたいか決まらない。次の休日にどこか行こうと思っても、その予定が決まらない。そこに欠けているのは脳内での高精細なイメージです。ということで、まずは人の行動とイメージの関係から理解していきましょう。

鮮明なイメージは実現する？

ぼやっとしたイメージでは行動に移れない

突然ですが、もしあなたが「旅行に行きたいなぁ」と思ったとして、頭の中にどこの景色を思い浮かべますか？

旅行ですか……。やっぱり、綺麗な海がいいなぁ。そうだ！　ハワイに行ってみたいです。でも、あれかなぁ、いまそんなにお金がないから、国内でもいいかも！　国内ならおいしいものがいっぱいあるってテレビでやっていたのを見たから、博多にも行ってみたいなぁ。そんな感じです。

どこもいいですね。でも例えばおいしいものなら東北とかどうですか？

え？　東北ですか？　東北とかあんまりわからないんで、行かないですかね。とか話してたら本当に旅行に行きたくなってきました。今年中にお金を貯めてハワイに行きます！

いいですねハワイ（笑）。僕も行きたくなってきました。

じゃあ、いまあなたの頭の中に、イメージが出てきたものを順を追って紐解いてみることにしましょう。

まずはじめに、綺麗な海イコール、ハワイが浮かび、その後、テレビで見たおいしそうな博多が浮かび、「東北は？」と僕に聞かれたら頭の中にイメージが浮かばなかったため、東北には行かないと答えた、ということでしたね。

これって、**人はイメージが鮮明なほうに行動を移す**ということを表しています。例えば綺麗な海は世界中にありますが、綺麗な海といってパっと鮮明にイメージができるのはどこでしょう？

沖縄、ハワイ、グアムとかですかね。

そうですよね。

メディアでいっぱいイメージが押し出されている綺麗な海は、パッと頭に浮かぶ（イメージできる）ので、沖縄やハワイ、グアムなどに旅行者が多く集まるのは必然なのです。

バリ島、セブ島、プーケットなどアジアにもたくさんの美しい海がありますが、多くをイメージできない、ボヤっとしたイメージしかないところには「行かない」のではなく「行けない」ということになるわけです。

確かに言われてみればそうかも！

毎年報道される桜の名所もこれと一緒ですね。その報道によって花見といえば○○とイメージができてしまい、人混みの中、わざわざその○○に行ってしまう。
「人が少なくて桜が綺麗なところはいっぱいあるのに！」って桜スポットをたくさんご存知の方は毎度心の中でつっこんでいることと思います。

解像度を上げてイメージを鮮明化する

これは商品（モノ）であっても同じです。例えば「いい鞄が欲しい！」と考えても「いい鞄」がざっくりしたイメージすぎると、それを手に入れることはできません。
そこで、その鞄は、

- 価格が高いのか
- 機能がすばらしいのか
- デザインが美しいのか
- 素材がいいのか
- 色が素敵なのか
- どこのブランドなのか
- 何という名前がついているのか
- どこで売っているのか

など、どんどん情報を足していって、イメージを鮮明化していくと、後はそれを手に入れるだけとなります。

そういう風に**イメージを鮮明化していくことを「解像度を高める」と表現します。**

解像度ってあの解像度ですか？

情報を足してイメージを鮮明化する!!

そう、その解像度です。デジタルカメラや、画像データを触ったことがある人ならお馴染みの言葉ですが、解像度が低いとイメージはボケたり、モザイク状になったりします。

逆に解像度が高いと細かいところまで鮮明に見えて、リアリティーが増しますよね。

なるほどー。じゃあ逆にものを売る立場でイメージした時に「この鞄なかなか売れないんだよねー」みたいなことは、売っているモノや、それを買うお客さんのイメージの解像度が低いからとも言えるわけですね。

いいところに気がつきましたね。その通りです。

なかなか会社で企画が通らないとかもそうですし、営業で結果が出ないなんてのも、それに通じます。

つまり、具体的で鮮明な脳内イメージが先行しないと、人は合理的に動けない、動かせないということです。**解像度を上げる工夫をして、じぶんが想像できる良いイメージを常に頭の中に用意すれば、極端な話、常にものごとはうまくやれる方向へと進んでいきます。**

スポーツ選手のイメージトレーニングも、自己ベストを出す姿、試合に勝つ姿を、実際に身体を動かすよりも先に脳内でつくり上げて、それを逆再生して、いまやるべき練習などを決めていきます。先ほど紹介したプロセスとまったく同じです。

この頭の中のイメージを鮮明化する＝解像度を高めるという作業は、これからこの本の中でいろいろとご紹介するプロセス全てにとって大事なことなので覚えておいてくださいね。

WORK

一週間のお休みがあったら、あなたは何をしますか？

できるだけ解像度高く、Ａパターン、Ｂパターンを想像してみてください。

LESSON 02

じぶんのキャラクターを客観的に捉える方法

よく会社の会議や学校の授業などで「新たな視点で考えよう」などと言われます。視点が増えるとものごとをさまざまな角度から見ることができます。では、その視点はどうやったら増えるのでしょうか？　そのヒントはじぶんを客観的に見るカメラを持つことにあります。

カメラに映るあなたはどんな人？

視点を増やすこととは？

今回は視点の増やし方をお話しします。いろいろな視点を持つことはものごとをうまくいかせる重要なポイントですが、まず質問から。視点を増やすとみなさんの生活や仕事はどうなりますか？

あえて言えば、ものごとを多角的に見ることができるようになる、ですかね。

そうですね。もう少し分解してみると、**多角的に見るとは、どの場所から、何を、どう見るか、ということになります**。

と言われても、いまいちよくわかりません。

すみません（笑）。別の例えにしますね。小さい頃、友達と喧嘩とかした後で、親や先生から「相手の立場になって考えてみなさい！」なんて言われた、という経験はありませんか？　あれはカメラを増やしなさい！　少なくとも相手から見た自分が見えるカメラを設置しなさい！　という教えですね。

カメラですか？

ええ、カメラです。テレビを見ていると、たまに制作風景などが映ったりしますが、スタジオでもロケでも、撮影現場にはカメラがたくさんあることに気づきますよね。例えばスタジオ収録の番組だと、中央にあるスタジオ全体を撮るカメラ、右側から人を撮るカメラ、左側から人を撮るカメラ、人のアップだけを撮るカメラなどがあり、スイッチングしながら放送しています。

そうすることで、奥行きを出したり、視野を広げたり、フォーカスしたりして、人やモノの見方の幅を広げているのです。すなわち、**視点を増やすとはカメラを増やすこと**だと僕は考えています。

先生は何台くらいカメラをお持ちなんですか？

僕は3、4台です。（1）じぶんの目、（2）俯瞰視（じぶんを上から見た感じ）、（3）もっと俯瞰視、（4）相手がいる場合は相手の目のカメラ、です。（1）〜（3）は順に自分とカメラの物理的な距離が遠ざかっていくようなイメージです。距離と比例して、自分の感情も薄まっていくように意識しています。

また（1）だけが主観的な視点であり、（2）〜（4）は客観的な視点のカメラです。それは大まかに言うと、「わたしはこういう人間だ」という自己解釈と「わたしはこういう風に見られている人間だ」という外的解釈です。

じぶん目線と、他人目線の両方が必要で、双方があるから、客観性のある解釈ができるという理解でいいですか？　うーん。それって、他

のことでも応用できますか?

客観性のある解釈とは、まさにその通りです。そっちのほうが、冷静に、フラットにものごとを解釈できますからね。応用に関しては、主体を『じぶん』から『日本』に変えた場合はどうでしょうか。ある出来事があって、それを日本国内からのカメラで見た場合と、国外から日本を見たカメラの場合とでは、大きく印象が変わることがあります。ここの場合でいうところのカメラは、メディアや人を指します。

もう少し、詳しくディティールを説明しますね。

例えば政治的なニュースでも、私はこう考えている、の他に、

ＮＨＫではこう報じている

ＣＮＮはこう報じている

アジアのメディアはこう報じている

ネットニュースはこう報じている

ユーチューバーの〇〇さんはこう論じている

社会学者の△△さんは、Twitterでこういう意見を投稿している

というようないろんなカメラがあると思います。これらを通して見えてくる事実に

触れた上で、じぶんがそれをどう判断するかということが、応用としてできるようになります。そして、その判断の集積が『あなたらしさ』＝『じぶん』をつくり上げることとなります。

リアルなじぶんを捉え客観的視点を手に入れる

カメラの話はわかったのですが、結局全部想像ですよね？　その想像というか妄想の解像度を上げるコツなんてあったりするのでしょうか？

安心してください。コツはあります。でも、その前に質問です。人はなぜ勉強しているのでしょう？

先生、質問が飛ぶし、難しい質問！

なぜ勉強をするのか。僕の答えは、じぶんや世の中を見る「カメラ」を無数に増やすため。言い換えるといろんな人や思想にスイッチできるように、人は一生懸命いろ

んな勉強をしているのだと思います。
文学的なカメラ、数学的なカメラ、社会的なカメラ、歴史的なカメラ、音楽的なカメラ、体育的なカメラなど、いままで「これは何の意味があるのだろう？」なんて感じながら学んできたいろいろなことも、全部多角的な視点を得るために勉強してきたのだ、と考えています。いろんな人に出会うのもそうですね。**いろんな考え方や生き方をする人たちを見て、感じて、人や世の中の見方のバリエーションを一生かけて人は学んでいる**ということです。人は人と共に生きることが、いちばん大事ということですね。

深いですね。突然「人は人と共に生きる」なんて言い切られましたが、ちょっと納得するのに時間がかかりそうです（笑）。話は戻り、想像の解像度を上げるコツを教えてください。

そうでした（笑）。ではさっそく。まずは、じぶん自身を知ることが重要です。
鏡に映るじぶんをイメージしてみましょう。具体的に

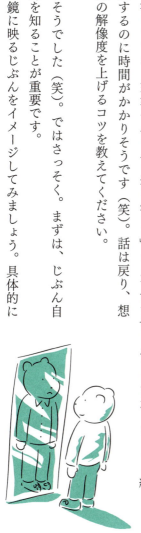

は相手から見えているじぶんは、多分これと同じように見えているな、ということをイメージしてみてください。

でも鏡に映るじぶんは、普段よりちょっと格好をつけていたりしません？　ナルシスト20％増しみたいな。

鋭いですね。だったら、撮られていることを意識していない、ビデオに映るじぶんと同じようなものを相手が見ているのだ、とイメージしてみましょう。

んー、なかなか難しいですね……。

であれば、友達に頼んで、じぶんが気づかないように自身の様子をスマホで撮影してもらってください。そして、じぶんがどのように映っているか確認してみるといいでしょう。

僕自身、はじめてビデオに映るじぶんを見た時は、その映像に驚愕しました。なんて独特で異様な動きをしているのだ（笑）。なんだこの気持ち悪い笑い方は！　などなど。しかし、その違和感をそのまま受け入れると、人の目線から見たリアルなじぶんを捉えることができるようになります。

ちょっと恥ずかしいかもしれません。ただ、リアルなじぶんを捉えられると、どんないいことがあるのですか？

それができると、じぶんのキャラクターを主観と分離して、すごく客観的に捉えられるようになるので、より相手の立場に立って、相手の気持ちを擬似的に感じ取ることができやすくなります。これでようやく相手への想像の解像度を上げることができます。

人は、思っている以上に徹底的に主観と切り離さないと、客観性がなく、冷静な判断ができません。ものごとは全てにおいて、一旦は感情に支配されず、フラットに捉えてみることが重要です。と口でいうのは簡単ですが、難しいですよね。でも、練習次第で捉えられるようになってきます。

じぶんを分離して分析することの難しさですね。

はい。ただそのためには、じぶんはもちろん、相手の思考や癖やいろんな情報を解像度高く読み取ってインプットしてから、想像しないとなりません。

少し慣れるまで時間がかかりそうですね。

そうかもしれませんね。固定観念なく、フラットにじぶんや相手の情報を読み取って関係性を認識してみること。これができるようになるとコミュニケーションは驚くほど上達します。ぜひ試してみてください。

WORK

じぶんが映った動画を見て気づいたことを書き出してみましょう。

なければ誰かにこっそり撮ってもらえるようお願いしてみてください。

評価してほしいなら相手に憑依してみよう

数年前のことです。学生が就活時期のある朝、2回生の時に教えていた女の子から連絡がありました。なんでも、その日の午後に東京の大手企業の最終面接があるのだけれど、まったく何を話していいのか、どのように話していいのかがわからなくなり、軽くパニックになっているので、できれば会って話を聞いてほしいということでした。丁度その時、僕も東京にいたので、お昼ごはんを食べながら話そうということになりました。

学生「もう、すごく緊張しているし、本当に何を話していいかわからないんです。どうやったら会社に気に入ってもらえるのか、入れてもらえるのかを考えれば考えるほど沼にハマって、もうダメです」

僕「なるほど。まず、どうして会社に『入れてもらおう』と考えるのでしょうか？『入ってあげてもいいよ』とは考えられないでしょうか？」

そう質問すると彼女は目を見開いてこちらを見ます。

学生「ええ？　どういうことですか？　倍率もすごい会社ですし、そんな上から目線で考えられません。それに、私は目立った才能も特技もないので……」

僕「では、これから行く会社の面接会場をイメージしましょう。あなたは、メインの面接官です。これからしばらくすると、自信なさげなあなたが部屋に入ってきます。そんな面接官に質問です。自信がありそうな学生と、自信がなさそうな学生、どちらのほうを会社に招きたいですか？」

するとしばらく考えた後に、

学生「自信がありそうな学生です。自信満々の学生もナルシストっぽくて面倒臭いと思いますが、自信なさげな学生は、メンタルもケアしないといけないだろうし、きっと実務もイチから教えないといけなさそうなので、もっと面倒くさそうです」

「そうですね」と伝えた後に、僕が質問を重ねます。

僕「有名大学の頭脳明晰な学生からも就職希望が殺到する中、なぜ会社は、美大の学生を最終面接まで残したのでしょうか？　あなたが優秀なのは間違いないと思うけど、一般論として、従順にテキパキと、しかも応用力のある仕事をしてくれそうなのは、そういう頭脳明晰な学生ですよね。僕たちの学校のような個性的な人の枠に求められるのは？」

学生「そうか。想定外の発想力とか、常識に囚われないアイデアや行動とかですか？」

僕「ですね。だから少なくとも、会社に気に入られようと、合わせてくる、寄せてくる学生は……」

学生「いらない！（笑）」

彼女に元気が戻ってきます。もともと、怖いもの知らずというか思った方向にズンズン切り込んでいける能力を持った学生なので、進むべきベクトルが見えたらとても強いのです。まだ質問を続けます。

僕「次に。先ほどと同じ要領でシチュエーションを変えてみましょう。そうですね、今度はあなたの彼氏になってみましょう。あなたが目の前にいます。その彼女が言います。『私はあなたのこんな考えに共感しました、私はいままでこんなことをしてきました、私はあなたのために頑張るつもりです』みたいなことを言われたら彼氏はどんな印象を持ちますか？」

学生「すごく重たいですね。可愛くないし『好き』の気持ちをまったく感じないです」

僕「あははは（笑）、そうですね。重たいです。僕がその彼氏ならそんな彼女、面倒くさくてつき合いたくないし、面接官ならそんな人は会社に欲しくないです。だから、面接官の視点で見ると、どんな学生が欲しいのか、彼氏の視点で見ると、どんな彼女とつき合いたいのか、みたいなところに答えがあると思います」

学生「わかりました！　頑張ってきます！」

と言って彼女は面接に向かいました。

その後の話を聞くと、僕が冗談で「これくらいのことを面接で言ったほうがいいですよ」と伝えた「私は、既存の部署に配属されるなら御社には入りません。私の部署をつくってくれるなら、私が指揮をとって必ずプロジェクトを成功に導きます」というストーリーを本気で伝え、面接官におもしろがられて内定をもらったということです。

じぶんを評価してほしいシチュエーションでは、評価する人に憑依してすり替わってみることで、自分が何をすべきなのかが見えてきます。すり替わりごっこ、楽しいですよ。

LESSON 03

コミュニケーションツールとしての個性

他の人やモノとは違った、特有の性質、性格、特性である「個性」は、コミュニケーションを広げるツールでもあります。その個性には、持って生まれた個性もありますが、物心がついた後でも、じぶんでつくり上げることができる個性もあるのです。

もともと特別なオンリーワンって……？

オンリーワンとナンバーワンの違い

今回は個性について話したいと思います。その前に、ナンバーワンとオンリーワンの違いっておわかりになりますか？

ナンバーワンはいちばんで、オンリーワンはそれしかないものですかね。

はい、そうですね。もう少し詳しく言うと、ナンバーワンはいろんなものを押し並べていちばんを判断するもの。対してオンリーワンは、並べて評価するものではなく、そのもの自体を受け入れるということだと考えます。

受け入れる？　ですか？

そうです。受け入れるです。他がどうであれ、これが好きなんだという気持ちがオンリーワンを生みます。つまり、発信者側の演出ではなく、受け手側がそれをどう見

なすかということです。すなわち、**ナンバーワンは目指せますが、オンリーワンは目指せません。**なぜなら、こちらの意思とは関係なく、相手に受け入れてもらわないといけないからです。

個性的なもの全てがオンリーワンだと思っていました。

でも、じぶん自身が個性的と思っていても、実際に他と似たものがごまんとあれば、客観的に見た時にそれはオンリーワンにはなり得ないですよね？

　例えば、お店で考えてみましょう。ナンバーワンのお店はずっとナンバーワンでいることは不可能です。登ったら下がるか消えるかが世の常なので、ナンバー2となり、ナンバー3となっていきます。

　しかしながら、オンリーワンの店は、お店の売り上げが落ちようが、古くなろうがお客さんの中でオンリーワンだと、ずっとオンリーワンです。若い頃からずっと憧れる美しい佇まいのオンリーワンのお店、幼少期にはじめて体験したオンリーワンのお店、店主のこだわりが半端ない個性が強すぎるオンリーワンのお店など、オンリーワンにはいろいろあるはずです。この、**相手が愛をもって認識してくれるオンリーワン**

の価値が、僕は大事だと思っています。

個性はつくるもの？

先生、つまりそれはお店の愛される個性ということですか？

その通りです。お店の個性をあなた（相手）が愛しているからオンリーワンになっているわけです。では、じぶんのことに戻りましょう。そんな個性に対してじぶんからアクションする手は何もないのでしょうか。

持って生まれた身体の特徴や才能は脈々と昔から続く祖先からのギフトとして受け取るべきだと考えていますが、ただ、それ以外の演出としての個性はつくれます。しかも、すごく簡単に。

え？　個性って本当にじぶんで、しかも簡単につくれるものなんですか？！

はい。答えから言うと、**個性は、あなたが決めたルールを繰り返すことでつくれま**

す。例えば、タモリさんの個性はたくさんありますが、外見上の個性はサングラスです。あのサングラスがなければタモリさんと気づかない人もいるくらいです。

他にも外見で言えば、例えば古いですが、林家ペーパー師匠の外見上の個性は、ピンクとカメラです。令和のペーパー夫婦と呼ばれるりゅうちぇるさんとぺこさんの個性溢れるコーディネートもそうですね。

タモリさんからサングラスを、林家ペーパー師匠からピンクとカメラを取り上げると、外見の個性は消滅してしまいます。彼らは、誰に頼まれたのでもなく、自らサングラスをかけ続け、ピンクの服を着続け、カメラで写真を撮りまくります。長い間、ずっと同じことを繰り返しています。すると、他の人はそれを個性として認識します。

なるほど、**続けることで個性をつくる**のですね。

そうです。ただこれは外見だけの話ではありません。音楽のアーティストは、シグネーチャーサウンドというものにこだわる人が多く、一聴してそのアーティストの音だ、とわかる音をつくり出し、繰り返しいろんな曲でその音を多用することにより、個性をつくり出しています。

例えば、マイケルジャクソンの「ポゥッ！」、プリンスの布団を叩いたような鈍いドラムの音、日本で言うと北島三郎さんの楽曲で使われている「カーッ！」という効果音（YouTubeで「ヴィブラスラップ」と検索してみてください。あの音の楽器がひっかかります）など、自ら決めたルールを自ら繰り返して個性としています。

見た目だけじゃなく、声や喋り方、他には香りなんかもコントロールできるんでしょうか。

できますね。こんな話もあります。昔、僕が受け持っていたクラスで、学生が「私には何も個性がないので、この先不安です」と相談してきてくれました。

なんだかんだいろんなことを話している中で、その学生がその日身につけていたオレンジのアクセサリーが目に入り、「好きな色は？」と聞くと、案の定「オレンジ」と答えたので、「では、オレンジをまずあなたの個性にしましょう。明日から毎日オレンジのものを少なくともひとつは身につけるようにしてきてくださいね」とリクエストしました。その学生は卒業してから何年も経ったいまでもずっとオレンジのものを身につけています。

その学生さんは、オレンジの個性を得たことで、何かがうまくいくようになったのでしょうか？

その学生からは、じぶんがオレンジの人として周りから覚えてもらい、自身でもそれが「個性が何もない」と思い込んでいた不安の解消につながり、いろんなことに自信を持てるようになったと聞きました。つまり、**オレンジの個性がうまくコミュニケーションを図るための重要なツールとして役に立った**わけですね。

個性をつくるには、じぶんで決めたルールをじぶんで繰り返すだけなので、飽きたり、年齢を重ねるごとにイメージのズレが生じてきたりした場合は、辞めたり変更すればいいだけの話です。そしてまた新しいルーティンを、周りの人が認めてくれるまで続ける。それが個性のつくり方です。簡単ですよね？

\WORK/

新しく個性をつくるなら、あなたはどんなこと繰り返しますか？

↓ 見た目でだけでなく喋り方でも行動でもなんでもかまいません。

LESSON 04

新しいコミュニケーションをつくる「好き」の掘り下げ方

最近は、空気を読んで周りに合わせることが良しとされがちです。でも、あまりに合わせすぎると、じぶん自身が見えなくなり、周りもあなたのことが見えにくくなって、かえって関係性がギクシャクすることも。空気を読みすぎず、時にはつくることも必要なのです。

はて？ さて？ じぶんは何が好き？

空気は読みすぎずつくる

私は、じぶんでいうのは恥ずかしいですが、空気を読むことは結構得意なので、いままであまりコミュニケーションで困ったことはないのですが、これはこのままでいいのでしょうか？　いけないのでしょうか？

いけないことではありません。

周りの空気を読んで行動するということは、協調性の先読みを行うということなので、人との良好なコミュニケーションにとても有効な手段なのですが、あまりにも合わせすぎると、それば没個性となってしまいます。

そもそも人は互いを理解したい欲求を持つものなので片方だけに合わせると、どうしても後々歪みが出てきやすくなるのです。

そうなんですね。では、ある程度空気を読みすぎず、というか、じぶんの情報を出していったほうがいいのでしょうか？

そうですね。出していくべきです。

じぶんの好きなものや興味のあることを人に伝えようとしたら、それを良く理解しなければなりません。そのために好きなものを深掘りしていくと、「なぜそれを好きなのか」「なぜそれにそこまで熱を上げることができるのか」というような理由をじぶんで把握できるようになり、そのことを納得を持って人に伝えられるようになります。そうすると、**空気を読んで周りに合わせるのではなく、空気をつくって周りをじぶんの熱量に巻き込んでいく**という、新しいコミュニケーションアプローチが可能となります。

周りに合わせる、周りを合わせる、受動と能動、それらが両方できると対話に幅が出て、相手もじぶんも双方わかり合えるし、コミュニケーションも楽しいものになります。

いいですね。理想です。じぶんが好きなものを、ひょっとしたら相手も好きになってくれるかもしれないし、いい関係にもなれる。先生、そのやり方教えてください！

自問自答で好きを掘り下げる

はい。ではまず、どのようにじぶんを掘っていくのかから見ていきましょう。例えとして、写真撮影が趣味の人のじぶんの掘り下げ方を見ていくことにします。

1／私は、いい雰囲気の写真を撮ることが好き。

↓

いい雰囲気とはどういう要素が重なった時に、いい雰囲気と認識するの？
被写体？　構図？　色味？

↓

2／いい雰囲気の写真とは、朝日、夕日などのフレアがある光が差し込んだ植物の写真をフィルムで撮ったもの。

↓

植物はなんでもいいのか。フィルムで撮ることでどんな効果が生まれるの？

↓

3／植物に大きさや種類は関係ないけど、お花は好き。フィルムで撮った際のフィルム特有の粒状のノイズや、色の変わり方が好き。

←

その写真は何のために撮っている？　ＳＮＳで「いいね！」を集めたいから？　幼い頃の幸せな体験の再現？　憧れている世界の構築？　好きな人がその世界が好きで、その人に喜んでもらいたいから写真を撮っている？

←

4／過去にネットや雑誌、写真集や美術館で見てじぶんに影響を与えた写真のように撮れたり、綺麗と思った頭の中の風景を写真に残せたりするところが好き。

←

人に見せて褒めてもらえるのもモチベーションだけど、それ以前に頭の中のイメージを具現化できることに喜びを感じている。だからじぶんのための遊びとして撮影をしているのかも。

と、こんな感じです。

なるほど。何回ぐらい自問自答を繰り返せばいいんですか？

先の事例のように3、4回くらい繰り返せばだいたい見えてくるものです。慣れるまで、ちょっと難しい自問自答の作業ですが、「なんとなくいいと思うから」「ずっと気になっていたから」といった、じぶんの中のざっくりとした「好き」に対して、ゆっくり時間をかけていいので、好きの源流を見つけてみてください。きっと、そうだったのか！　というモチベーションの源が見つかります。

どうしても自問自答がうまくいかない場合はどうしたらいいんでしょう？

その場合、友達や家族にお願いして、「どうしてそれが好きなの？」「どういうきっかけで？」などとあなたの答えに対して「どうして？　なんで？」といった疑問を何度も投げかけてもらってください。

会話では「はやく答えないと相手に迷惑がかかってしまう」や、「相手に理解してもらいたい」といった気持ちが働くので、一人では出てこなかった答えが出てくる場合もあります。

なぜ好きなのかを自身で納得して発信できるようになると、人にもその好きを共有しやすくなり、相手もあなたの好きを認め、応援してくれるなんてことにもなります。

SNSのコミュニケーションにもよさそうですね。

そうですね。スポーツでも漫画でも、もっとマニアックな趣味でもかまいません。**プレゼンテーションしているモノに対して、あなたの熱量があればあるほど、新しいコミュニケーションが生まれる**はずです。

そうやって空気をつくってみてくださいね。

＼WORK／

あなたがいまいちばん興味のあることを探してみましょう！

↓興味のあることを一つひとつ自問自答してみてください。

LESSON 05

置かれた環境が向き・不向きをつくる

「じぶんは不器用だから細かな作業に向いていない」「じぶんは口下手で人と話す仕事に向いていない」。

向いている、向いていないは、生まれ持った能力と、個々のスキルの問題ではなく、実は自分の置かれている環境に大きく影響されるものなのです。

向き不向きってどうして判断すればいい？

向いている・いないの判断基準は3つ

クマ先生、この間また上司に怒られてしまって……、私いまの仕事向いていないんじゃないかと思うんです……。

あらあら。ネコさん、怒られてしまいましたか。下を向いていてもしょうがないので、とりあえず前を向いていきましょう。

そもそも僕は「向いている」ということに関して、何か新しいことにチャレンジした際に、短期間で予想していた結果が出た、もしくはその分野の先人に評価された、というような成功体験があれば、人はじぶんがそのことに「向いている」と考えるのだと思っています。

逆に結果が出なかった、失敗した、叱られたという体験を伴うと「向いていない」という判断を、じぶんで下すと考えています。

これを細かく見ていくと、判断基準は次の3つになります。

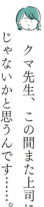

①周りの人の判断

例：集団の中で成績をつけられた、「君は向いているね、君は向いてないね」などと言われて、その意見に対して影響を受けた。

②周りの人との比較による自己判断

例：集団の中で比較して、周りの人よりじぶんはできていると判断した、じぶんはできていないとじぶんで判断した。

③周りの予測との比較

例：予測していたプロセスと合致していた、違っていた、思うように結果を出せた、出せなかった。

向いている＝どれだけ褒められているか？

ＳＮＳを覗いたら前述したことと同じく、「私はこれに向いていない」などと書き込んでいる人は、だいたいその前に誰かに否定されているか、無視されています。

逆に「私はこれに向いているかも」などと書き込んでいる人は、案の定、褒められているか、会社や学校のテストなどで好成績を出した後に自己肯定しています。

ということは、褒められるかどうかで、人は向いている、向いていないを判断しているということですか？

ものすごくシンプルに捉えると「向いている、向いていない」とは「褒められている、褒められていない」と同じことだと思うのです。

先ほどの①に関しては、周りから（人から）褒められているか、褒められていないか。②と③に関してはじぶん自身を褒めているか、褒めていないか、ということです。

馴れ不慣れ、才能の有無など関係なく、そのチャレンジする環境が、じぶんがいくら頑張っても、褒める・褒められる文化がないところであるなら、とっとと辞めたほうがいいでしょう。逆に周りにじぶんのことを褒めてくれる人がいる、自身のこともじぶんで褒められる、反対に周りの人のことも、褒める、認めてあげられるような環境なら、頑張ってチャレンジを続けられると思います。

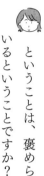

じゃあ、私の悩みは環境を変えないと解決しない、ということですか？

そうですね……、例えばずっと長い間、頑張ったのに、周りに一度も褒められたことがない、みたいな人は環境を変えたほうがいいと思います。ただ、環境を変えることが難しい人は、**いまの環境で他の人を褒めてみるといいでしょう。その言葉はブーメランとしてじぶんに返ってきます。**また、うまくいけば環境そのものを「褒める文化」に変えることもできます。

褒められるように頑張る、のではなく、まずは相手を褒めること。ギブアンドテイクという言葉の順序はまったくもってその通りで、何かを得たければ、まずは先に与えることでうまくいく可能性は格段に上がります。

WORK

あなたが褒めてほしいと思う言葉で、相手を褒めてみましょう。

↓ちょっと苦手だなと思う環境でこそ試してみるといいでしょう。

偶発的な結果でじぶんを掘り下げる

僕の友人で、福元和人さんという九州在住の作家さんがいます。彼はカタルタ®というカードゲームを開発、販売しています。ゲームといってもトランプやポケモンカードのようなものではなく、語りを遊びに変えるカードみたいなものです。

具体的には、トランプの枚数と同じ54枚のカード1枚1枚に、接続詞や副詞など、語り出しや文と文のつなぎとなる言葉がプリントされているというもの。これが本当によくできたカードで、僕もブレインストーミングやアイデアフラッシュ、飲み会

公式サイト▶kataruta.com

などで使用して、参加者全員で毎度頭の体操をしています。
例えば、僕が自己紹介する時にカタルタを使用すると、

1　**こんにちは。熊野森人です。41歳。妻と2歳の子どもと一緒に神奈川に住んでいます。**
山札から1枚めくる↓そのカードには「本当は」と書かれている。その言葉を読み上げ、続きを話す。

2　**「本当は」子どもはまだ2歳ではなく、1歳11ヶ月です。**
山札から1枚めくる↓そのカードには「だからこそ」と書かれている。その言葉を読み上げ、続きを話す。

3　**「だからこそ」2歳になるまでは飛行機がタダなので子どもを連れて海外旅行に行こうとしています。**
山札から1枚めくる↓そのカードには「いいかえると」と書かれている。その言葉を読み上げ、続きを話す。

4　**「いいかえると」、僕は嘘つきかつ、セコいオッサンです。**

みたいなことになります。

カードがなければこのような自己紹介の展開には決してなりません。思ったこともない、考えたこともないような話の展開が、単純な言葉から広がるところにこのカルタ®の面白さがあります。

考えに考え抜いた思考も魅力的ですが、このような、じぶん自身でさえ予見できない答えもまた、勢いがあり、かつ、正直で飾らない思考なので、じぶんの言葉なのに客観的な気づきがあります。

じぶんの中での、何かしらの答えの出し方は、決して一通りではありません。誰かとお話ししている中での答えのほうが、一人で考えて導き出す答えよりも、じぶんは好きなものが多い、と感じるのであれば、大事な答えを出す時はその誰かと一緒にお話しするべきですし、答えの出し方に行き詰まったならカタルタ®のようなツールを使うのもいいでしょう。

カタルタ®をやってみよう！

私は◯◯が好きだ。

（山札から１枚めくる→カード「もちろん」）

▼

もちろん、〜〜。

（山札から１枚めくる→カード「ちなみに」）

▼

ちなみに〜〜。

（山札から１枚めくる→カード「ようするに」）

▼

ようするに〜〜。

（山札から１枚めくる→カード「そういうわけで」）

▼

そういうわけで、〜〜。

個性は
つくれる!!

Chapter 2

じぶんを演出して、うまく魅せる

LESSON 06

「なぜ、そう思うか」には明確な規則が存在する

飲食店を見て、おいしそうなお店だなとか、不味そうなお店だなというのは何で判断していますか？　また、この人は良さそうな人で、この人は悪そうな人だというのも何を捉えて判断しているのでしょう？　そこにはじぶんのセンサーがつい反応してしまう規則があります。

あの人もしかして……！？

世の中には暗号がいっぱい

今回は「コード」について考えていきたいと思います。コードと言っても、電気のCORDでも、和音のCHORDでもなく、規約、規則、規定を表すCODEのお話です。

例えば、男性のスーツってあらたまったり、かしこまったりして見せるものなのに、上下白のスーツを着ている人は、ハイパーファッショニスタの方か、リゾート三昧な方か、反社会勢力の方の可能性が高いイメージですよね。

いまあげた例は、大人であればほとんどの人が理解しているコードですが、それは実社会での経験や、映画、ドラマ、雑誌、ネットなどでの情報によって、学んだことだと思います。それと同じようなコードが、まだまだたくさん世の中には存在し、機能しています。

確かに、白いスーツの人の話は共感（笑）。でも、そのコードが読めるようになると、どうなるのでしょうか？

イメージとしては語学学習に近いものかもしれません。
外国語を読め、話せるようになると、活動範囲や表現範囲、つながる人の広がりや内容にも変化が生じますよね。
それと同じで、コードが読めるようになり、そして使えるようになると、一気に世の中の見方が変わり、コミュニケーションの幅が広がります。

音楽の譜面とかとも近そうですね。

ですね。あれもルールを知らないと、たくさんのおたまじゃくしが線の上に描いてあるヘンテコな紙ですもんね。

目につくもののコードを考えてみよう

では、さっそく学んでいきましょう。手はじめに、外を見渡せるカフェで、人やお店を観察してみようと思います。こうやって見渡してみると、街にはいろんな人やいろんなお店がありますよね。観察してみて共通するものや、発見は何かありますか？

んー、何を見ればいいのか、まったくわかりません。

最初はなかなか見つけられないと思いますが、がんばって見つけてみてください。そうすると次のようなことが見えてくるようになります。「あれ？　不動産屋さんってどうして遠くから見てもわかるんだろう」とか。「おじいさんの服にグレーが入ってる率、半端なく多くないか」とか。

なるほどー。そういう感じで見てみると、あ、あの方たちはきっと日本人ではない気がします。きっと韓国や中国からいらっしゃった観光客の方たちだと思うのですが、ただ歩いているだけなのにどうしてそういう風に思ったんだろう？

服装も、他の日本人と大して変わらない感じなのになんとなくそう感じました。

いい視点です。それら**全てがコードと関係しています**。先ほど出てきた、不動産屋さんの看板は原色の色使いで目立つものが多く、ブランド名や会社の名前もかなり大きな文字で表記されています。

これは、いろいろな不動産屋さんが全国でチェーン展開をした時に、各ブランドが他と違って見えるようにとやりはじめたデザイン戦略のようで、例えば色味でいうと、各社ほぼ被りはありません。また、看板以外ではお店の壁や入口にはところ狭しと物件情報の紙がたくさん貼りつけられています。

おじいさんの服にグレーが多い理由は「男性は寒色、無彩色。女性は暖色、有彩色」という考えや「歳を重ねて派手な色を身につけることはみっともない」というお年寄り世代の色に対する認識が、いろいろなアンケート調査から読み取れるのと、その上で汚れが目立たないとか、色落ちしにくいなどの理由でグレーが選ばれていると推察されます。

あなたが発見した近隣諸国からの観光客の方々も、外見からヘアースタイル、服の色の組み合わせ方、お化粧の仕方などが日本とは少し違ったり、また集団で固まって歩いている率が高いのは観光客の場合が多かったりするなどのコードから、ただ歩いているだけでも、そのように感じ取れたのです。

なるほど。言われてみれば。おもしろいですね！

そう感じていただけたなら、うれしいです。

コードをいろんな場面で使えるようになるために、まずは、あなたの周りの観察を続け、コードを発見することからはじめてみてください。観察する対象はどんなものでもかまいません。

WORK

「生活感」があると感じさせる部屋のコードを読み取ってみましょう。

↓主にどんなこと、どんなものの組み合わせでそう感じるのかに注目してください。

LESSON 07

規則＝「要素」で分解すれば見つかる

世の中にたくさんあるコードを探すには「要素分解」と言われる作業が必要となります。これは複合的に成り立っているモノや情報をジャンルごと、バラバラに仕分けていくことを言います。では、実際にどうしていけばいいのか、その具体的な方法を見ていきましょう。

高級そうに見えるお肉の要素とは？

コードを探してみよう

これから身の回りに潜むコードをいろいろと説明していきたいと思いますが、その前にコードをどのように見つけるのかのヒントを先に紹介しておきましょう。題して「要素分解」と言われる作業です。

では、まず要素分解ってどのような作業を指すものだと思われますか？

うーん。ゴミの分別みたいなものですか？　容器のプラの部分、ペットの部分を分けてから捨てるみたいに、素材によって分けるような……。

おっしゃる通り。

それも要素分解ですね。他にも例えば文章でも、漢字とひらがな、カタカナ、句読点に分解できたり、音楽でも、ベース、ドラム、ギター、キーボード、ボーカルといった、パート別に分解できたりします。

なんだかめんどくさそう。

例が悪かったですかね（笑）。でも、ごみの分別みたいに慣れればなんてことはありません。そんなことより「なんだか心地よい」「なんだか気持ち悪い」「これは好き」「これは嫌い」など、**ざっくりと概要を掴んでいる感情に対して、機械的に要素を分類することで、なぜそう思ったのかを分析していく**プロセスが重要なのです。

分解＆比較でモノの演出がわかる

では他にも例を出して分解してみましょう。ここに、先ほどスーパーで買って来た2種類の牛肉があります。安いお肉と、高いお肉の2種類です。これらをまずは素材で要素分解してみてください。

素材は両方とも、牛肉、トレイ（プラ）、トレイを包んでいるラップ（プラ）、値段などが記載されているシール（紙）で構成されていますね。

色はどうでしょう？

お肉自体は、安いお肉も高いお肉も赤と白で構成されています。

ですね。では、その量とバランスはどうでしょう？

安いお肉は赤（赤身）と白（脂身）の層がはっきりわかりやすく分かれていて、高いお肉は白い部分が赤い部分に入り混じった感じかな？

高いお肉はいわゆる霜降り状態ですね。つけ加えると、トレイも、安いお肉は白一色ですが、高いお肉は黒と金色が使われています。

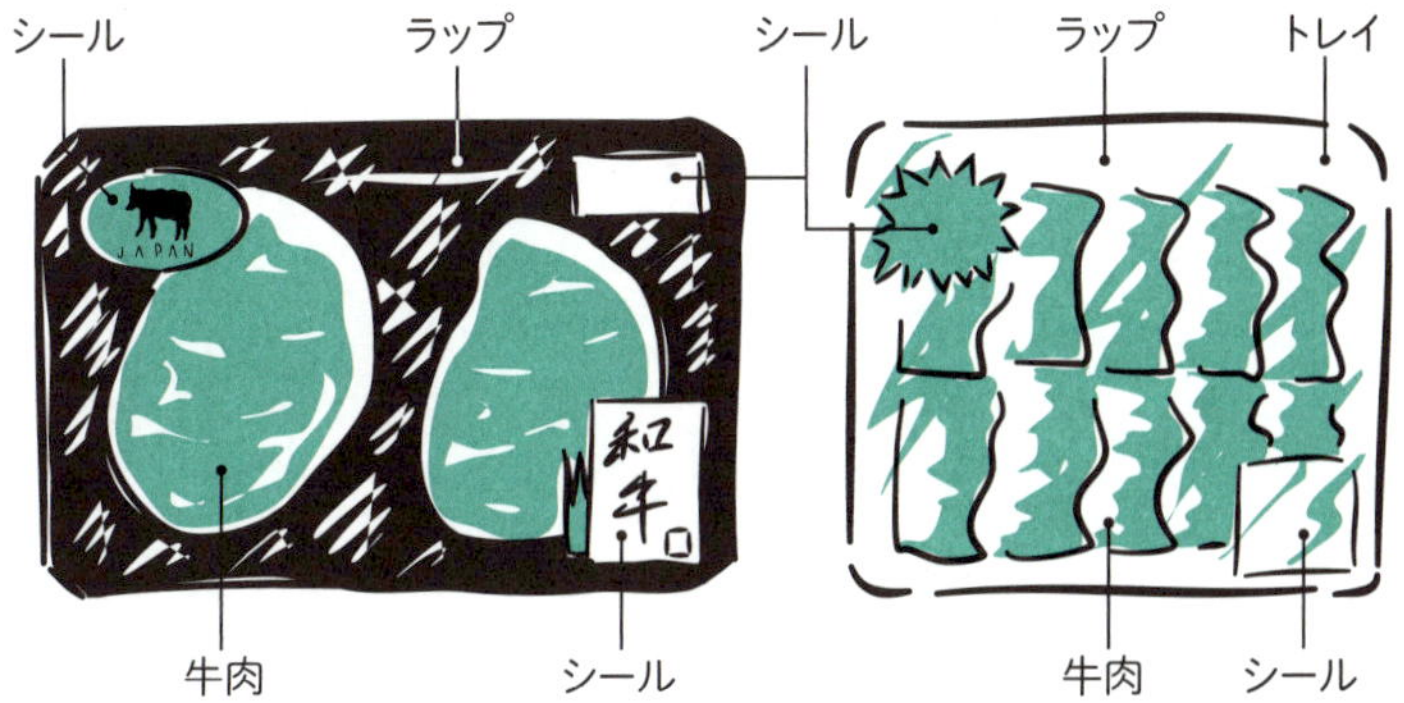

素晴らしい分解、ありがとうございます。

このように**分解してから比較すると、それにどんな演出が加えられているのか、そもそもそれが持っている魅力が何なのかというようなことが浮かび上がってきます。**

高級なお肉のトレイに黒と金が使われているというコードを他で探してみると、お寺とか、高級なホテルとか、黒と金の組み合わせが多いですね（笑）。

ということは、高級＝黒と金の組み合わせと認識している人や支持している人が多いという仮説が成り立ちます。

なるほどー。

例えば、有名人の顔が好きだったとします。たいてい「顔の全部が好き♡」みたいなコメントが多いですが、それをより分解して考えていくと、例えば目の形と顎のラインが特に好きとなるかもしれません。

それがわかれば、対象となる人が有名人でなくとも同じような目の形と顎のラインを持つ、別の人と出会った時に「あ、この人もタイプだ。私はこの目の形と顎のラインフェチなのか……」などと気づくことができるかもしれません。

みなさんの周りにも、好きな人、苦手な人がいるかと思いますが、ざっくり「好き」「苦手」と分類するのではなく、**何が好きなのか、何が苦手なのかを要素分解して理解すると、好きな人はより好きに、苦手な人は苦手じゃなくなる可能性もあります。**

細かく分解して整理して考えることは最初ちょっと面倒くさいですが、慣れたら簡単なのでぜひトライして、いろいろ楽しんで分解してみてくださいね。

\WORK/

あなたが好きな音楽アーティストを要素分解してください。

音でも、ファッションでも、構成している要素を細かく分解してみましょう。

LESSON 08

モチベーションや印象を操作する色のコード

普段生活していて、見えないけれど、みなさんが認識しているコードというものは身の回りにたくさんあります。まずはじめに、何気なく目にし、何気なく判断しているトップバッターとして「色」のコードについて見ていきましょう。

色のコードを無視すると混乱する？

コンビニに隠されたコード

飲み物が欲しくて、コンビニに行くとしましょう。セブンイレブンでも、ファミリーマートでも、ローソンでもどこでもいいのですが、店内をイメージしてみてください。飲み物の棚はお店のどこにありますか？

お店の奥ですね。

そうですね。温かい飲み物はレジ近くのおにぎりの棚付近にある場合が多いですが、冷たい飲み物は大抵お店の奥のガラス扉の冷蔵庫にあるはずです。
その理由は何なのでしょうか？

商品が補充がしやすいからですか？

正解です。飲み物を補充するバックヤードが、棚の裏にないと、商品管理が不便だからです。

でも、それとは別にもうひとつ理由があります。それは、コンビニでいちばん売れるのが飲み物で、それをお店の奥に配置することでお客さんはお店の中をたくさん歩くことになり、目当ての飲み物以外の商品を「ついで買い」してくれることが期待されるからです。

このように偶然どのお店も飲み物の棚が同じ場所にあるわけではありません。綿密な計算があっての設計なのです。そしてこのふたつの理由こそが、隠された「コード」というわけです。

色に隠されたコード

ではもう少し想像を膨らませていきましょう。あなたはいまそのコンビニの飲み物の棚の前に立っています。そして、お茶が飲みたいと思い棚に目をやります。さて、何色のラベルのペットボトルを探すでしょうか？

緑です。お茶だから緑。お茶の色が緑だから、パッケージも、緑っぽい色が多い気

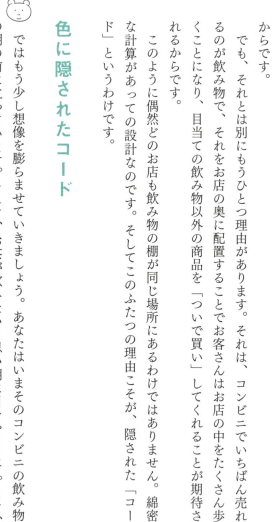

がします。

正解です。では、そのすぐ横にあるオレンジや茶色のラベルの飲み物はなんでしょうか？

オレンジジュースとか、紅茶とか、ほうじ茶とかですかね？

はい、その可能性が高いですね。では、そのすぐ横の青色のラベルの飲み物はなんでしょうか？

ポカリスエットやアクエリアスなどのスポーツドリンクだと思います。

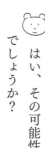

そうですね。このように、商品名や味の説明の言葉がなくても、多くの人はその飲み物が何であるかという想定をしているわけです。

仮に「お茶」と文字が書かれていて、そのラベルの色がピンクだったとすると、それは、ピーチフレーバーなのか、春限定パッケージなのかと勘ぐると思います。それくらい、飲み物のパッケージの色に付随する情報に対して、私たちは共通のイメージを持っています。

そして、その**コードを無視した設計は人の頭を混乱させます**。例えばスポーツドリンクが赤色だったら。お茶が青色だったら。秋限定の商品がピンクだったら？

ぱっと見ただけではそれがどんな商品なのか、目当ての味かどうかがわからなくなりそうですね。

はい。それと同じことが人にも、組織にも言えます。

男性のネクタイの色を例に出すと、結婚式の時のネクタイの色は白、お葬式の時は黒。あ、ちなみに結婚式の白ネクタイというのは日本独自のコードで世界のコードではありません。近頃は白以外でもアリという風潮に変化してきていますね。ちょっと脱線しました。では、商談の時の色は何色のネクタイがよいと思われますか？

一般的には赤系がよしとされていると聞いたことがあります。理由は赤色が「情熱的」とか「積極性」「能動的」などの印象を与えるから、だったような……。

そうですね。そのように言われています。企業ロゴなどに使われるコーポレートカラーにも同じ法則があり、情熱を伝えたい意思がある企業は赤系を、「誠実」「先進性」「清潔感」などの意味を持たせたい企業は青系を好んで使用します。

このように**カラーコードが理解できるとそれをコントロールして、例えば自己や自社のモチベーションやムード、他者への印象操作が可能となります。**

そのことを理解した上で青色の服を着ている人と、赤色の服を着ている人、黄色の紙袋のお店と、銀色のビニール袋のお店、それぞれどんなイメージを持つか考えてみましょう。

例えば、青色は涼しそうや賢そう。赤色は派手な色を着れる勇気とセンス。

黄色の紙袋はロフト？　ファッションブランド？　プリンみたいなスイーツ？　みたいなところから連想されるポップ感やユニセックス感、若い感じ。

銀色のビニール袋はこれまたアパレル？　それともドラッグストア？　から連想される、ちょっとした未来感とビニールから醸し出されるチープ感。

このようにいろいろと想像が膨らみます。

それら色とモノから受ける印象を一つひとつ確認していけば、それぞれにどんなコードが隠されていて、それによってどんな情報を発信しているかが見えてくるようになります。

その発見した自分なりの気づきの中で「これはいいかも」というものがあれば、日々の生活や仕事の場面で取り入れてみてください。取り入れてうまくいけば採用、うまくいかなければ、また別のものを試してみる。このようにして、じぶんの演出の幅を広げていくといいでしょう。

WORK

もし自販機で常温の飲み物を売り出すとしたら、何色にしますか？

一般的に、あったか～いは赤色、つめた～いは青色。あなたが飲みたくなる色は？

LESSON 09

なんとなくのイメージを形で伝える文字のコード

さまざまな情報の中にあるものの、表立っては見えないコード。次は「文字の形」です。世の中にはいろいろな文字の形がありますが、あれって適当に選ばれているのでしょうか。文字の形が、あなたの気持ちや思考にどのように作用しているのかを見ていきましょう。

おいしそうなラーメン屋はなぜ太い筆文字？

何を見ておいしそうと判断している？

「このラーメン屋さんはきっとおいしいよ」
「ここは店構えからおいしそうだよね」

僕のよく行くラーメン屋さんの前で、そんな会話をしている方々に出くわしたことがありました。そこでふと疑問に思ったのが、この人たちは、このラーメン屋さんの何を見て、感じて、おいしそうだと判断したのかということです。その理由＝コードはたくさんあるのは間違いないですが、今回は文字の形にフォーカスして、隠されたコードを暴いていきます。

みなさん、最近のラーメン屋さんの看板は太い筆文字で「熊野軒」みたいに表記されていることが多いと感じることがないでしょうか？

あります、あります。

では、なぜ太い筆文字なのでしょうか？

なんとなく、麺が太いことを表現している？

そうかもしれませんが、細麺のお店は看板の文字は細かったでしたっけ？

実はここには理由があります。先ほどの「このラーメン屋さんはきっとおいしいよ」の話につながるのですが、人は、なんとなく感覚でものを見て、なんとなく判断しているということはなく、その**「なんとなく」の中にあるいろいろな情報を捉えて、無意識下で判断しています**。

ここで先に紹介した要素分解をやってみましょう。例えば、はじめて入るラーメン屋さんで「あ、ここはぜったいおいしいぞ」と判断する要素はたくさんありますよね。

お客さんがたくさん入っているところはおいしいはず！

はい。閑散としているお店よりお客さんがたくさん入っているお店のほうが人気があることがわかるので「きっとおいしいぞ」となりますよね。

また、お年寄りや女性のお客も多くいらっしゃるような、老若男女問わずに愛されている店だったとしたら……。

昔からある優しい味のラーメンが名物なのかな？

だんだんコードが読み解けてきましたね。では、店員さんはどうでしょう？　ラーメン屋さんに入ってどんな人がどんな風に厨房で働いていると味に期待ができるでしょうか？

頭にタオルを巻いた無骨な男の人が大きな声で「へい、ラッシャイッ！」と言ってくれるとアタリな感覚。こんなこと、あまりないとは思いますが、カワイイ格好をした女の子たちが「いらっしゃいませぇ」と言ってくれるお店は、ハズレた感覚になります。

面白いですね。おっしゃっていただいたコメントを補足するならば、それは男女それぞれへの偏った見方ではなく、メディアがつくり出したムーブメントであるとも言えます。昭和の頃のおいしいラーメン屋さんのイメージは、店員さんは白い割烹着を着て家族で営んでいる中華料理屋さんのイメージだったはずです。

しかし昨今のあらゆる見地からの差別的表現や偏見のある表現を問題視し、是正していくポリティカル・コレクトネスの流れを見ると、5年後くらいには一般的なラーメン屋の店員さんのイメージは男女入り混じった形になっているかもしれませんね。

なぜラーメン屋の看板は筆文字が多い？

先生、話は「なぜラーメン屋さんの看板は太い筆文字で書かれていることが多いのか？」だったような（笑）。

そうでしたね（笑）。話を戻しましょう。というか、実は話はつながっているのですが、その理由は、人物像から受け取る印象にあります。

無骨な男衆がつくるラーメンの味は、その外見から、頑固でこだわりがありそう、しかも、力強くパンチもありそうなのでおいしそう、というイメージにつながり、「アタリ！」と感じてしまうのです。逆にもしも彼らがカフェの店員だったとすると、ものすごく煮詰まった濃いコーヒーなんかが出てきそうで、いささか涙目になります。

そこで最初の疑問、「なぜラーメン屋さんの看板は太い筆文字で書かれていることが多いのか？」という問いに戻ると、これこそが答えです。

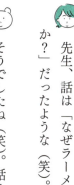

なんとなくわかってきたかも！

詳しく説明しましょう。太い筆文字は無骨な男衆＝漢（おとこ）らしさを想起させるものとして機能しています。そして無骨な男衆は、不器用ながらおいしいラーメンをこしらえる人としておいしいイメージの醸成に機能しています。つまり、**文字の形↓店員↓ラーメンの味とイメージの連鎖が設計されている**のです。

ラーメンのスープと一緒くらい奥深く濃厚な話になってきましたね（笑）。

うまいこと言いますね。この文字の形のコードを理解した上で、自宅やご実家の表札やプレートをあらためて思い出してみてください。まず、漢字なのかローマ字なのか、はたまたそれ以外なのか。それぞれどんな書体で書かれているのか。それが客観的に見て他者にどんな印象を与えているのか。

例えば太い明朝体で書かれた田中さんは、その字体の時代感から案外お年を召された方が住んでそう。細いゴシック体で書かれた田中さんは、全てが直線、90度の交差で文字が成り立っているため、若くてキッチリした印象の方が住んでそう。

TANAKAとローマ字表記で書かれた田中さんは、あえて漢字を使用しないあたり、ちょっと意識高そうだし、オシャレにこだわっていそうな方が住んでいる？と文字の形から住んでいる人を連想できます。

ご自身や家族のキャラクターと表札の文字の形のコードは一致していましたか？もし一致していないと感じられたなら、どのように変更すると一致するか、考えてみてください。家族の分析に基づく、いろんな形のアイデアが湧き上がってきて楽しいと思います。

看板と表札の話はわかりました！　でも他に生かせるものはないのでしょうか？もう少し例はありませんか？

この文字の形＝書体（フォント）はもっと勉強していくとグラフィックデザインの領域に入るのですが、そこまでいかずとも、例えば仕事や授業でつくるパワーポイントなどの資料も、書体を変えるだけでまったく印象が変わります。

一般的に女性向けの商品や企画なら明朝体が、男性向けの商品や企画ならゴシック体が、子ども向け商品やイベントの説明資料であれば丸文字っぽいものがふさわしいでしょう。雑誌のロゴやアパレルブランドのロゴを見てもわかりますが、ほとんどがいまあげたコードにのっとってデザインされています。これらの理由は文字の形と人間の身体の形の関係性にあります。ある部分が細く、ある部分が太く強調されている繊細でメリハリのある形は女性、全体的にガッシリしていてバランスがよいのが男性。丸っこくて可愛いのが子どもの身体を表しています。

いろいろご説明しましたが、大事なのは、イメージの連鎖、つまり、どこからその意味やコードが来ているかをさかのぼって考えてみることです。文字の形からいろいろ意味を連想するゲーム、一度、やってみてください。

WORK

あなたの好きな料理屋さんの看板はどんな文字？

好きな理由と看板の文字のイメージが合っているか考えてみてください！

LESSON
10

「なんかいいなぁ」と思わせるシズル感の見つけ方・使い方

コマーシャルで目にする炊きたてごはんの湯気、ビールのポスターに出てくるジョッキやグラスの水滴、人間をより健康的に若々しく見せるお化粧。全ては、そのものをよりよく見せる演出です。その演出を見つけ理解することが、じぶんの表現の幅をさらに広げます。

ステーキはなぜ鉄板に乗って出てくるの？

モノや人を魅力的に感じさせる演出

シズル感を征する者は、表現を征するとは、誰が言ったのか、僕が言ったのかもしれませんが、『シズル感』という言葉をご存知でしょうか？

まったく知らないです（笑）。

僕が教鞭を執っている大学の二十歳前後の学生に問うても、8割が「知らん」と答えるので、知らなくても大丈夫です。

シズル（ｓｉｚｚｌｅ）とは、お肉を焼いた時に出る「ジュージュー」という音のことを言います。お肉がジュージュー焼ける音を聞くと、ほとんどの人がお肉を食べたくなる、という効果から転じて「モノや人をより魅力的に感じさせる演出」のことを「シズル感」と呼んでいます。

これは、１９３７年にアメリカの経営コンサルタント、エルマー・ホイラーが書いた「ホイラーの法則」の中で語られていたことです。

人の深層心理といった心理学のお話にもつながるのですが、現代でもいろいろな側面でこの演出に出会います。

へー、例えばどんなものがあるのですか？

有名なものだと、ビールやコーラのポスターに出てくるジョッキやグラスの水滴がありますが、これはビールやコーラがキンキンに冷えていたほうがヌルいものよりもおいしい！　というニーズからの演出です。

最近では凍っている演出のものもありますね。また、前にお話ししたラーメン屋さんの文字の形に隠されたコードのようなものもシズル感の一種ですし、他に言葉や数字や音や香りにも、このシズル感の演出があります。

もっと言えば、主に女性がお化粧するのも世間がイメージする「女性」という像をより魅力的に、健康的に演出しているということでもあるのです。

えっ、お化粧もシズル感の演出なんですか！　じゃあ、魅力的に見せるものは全てシズル感ということ？

大きく括ればそうなります。では、このシズル感を別の角度と事例から見ていくことにしましょう。

「おいしそう！」を連想させる言葉

ラーメン屋さんに続き、これまた食事に関係することの例で恐縮ですが、例えばレストランのメニューに同じ値段で「グリーンサラダ」と「シェフの気まぐれサラダ」という2種類があるとします。あなたはどちらを選びますか？

断然「シェフの気まぐれサラダ」です。

やはりそうですか。同じ質問を先ほどと同じ大学のクラスでした時も8割以上が「シェフの気まぐれサラダ」を選ぶと答えました。
では、この言葉を要素分解してみましょう。冷静に考えてみると『シェフの気まぐれサラダ』は、シェフが気まぐれでつくるサラダなので、かなり独創的なものが出てくる可能性も否定できないわけですが（笑）、大方の人は気まぐれを選びます。なぜでしょうか。これには大きく2つの理由があります。
ひとつめは**シェフがきちんとメニューを考案して、手間暇かけてつくってくれている**というイメージの後押し。ふたつめは**気まぐれ＝明日は内容が変わっているかもしれないので、いましか食べられないという限定感**の後押しです。
このふたつで、実際は何がどうだかわからないサラダなのにもかかわらず、イメージだけで「よさそう！　オーダーしてみよう！」って思ってしまうものなのです。

「安い！」と見せる数字

次は数字です。チラシを見て、980円や、2万9800円の数字が多いのはなぜなのでしょうか。

これ、わかります。お得に感じるからですよね！

では、なぜ1000円や3万円と比べて、20円と200円しか違わないのに大層お得に感じてしまうのでしょうか。

なぜって言われると、わからないものですね。

このわけは、1000円や3万円といったキリのいい数字を「高い」という思い込みがあって、そこから少しだけ金額を落としたものと比較して判断する評価関数が頭の中でグルグルするのがその理由です。

ちなみに1000円が980円になるような、桁が少なくなる演出のほうがより効果的だと言われています。

また、だいたいのチラシには定価にバツをつけて値下げ後の値段を書いてお得だと感じさせるような**アカリング効果**（下図）を狙っているものも多いです。

アンカリングとは？

売るほうが先に提示した価格や情報が、買うほうの購買判断に大きな影響を及ぼす心理効果。

感じのいい人のシズル感を探す

何気なく過ごす日常の中にも、誰かが意図的に演出したものが無数にあり、そのルールを私たちは無意識のうちに理解し、従っているということを理解いただけたでしょうか？　ここに挙げた例はほんの一部です。

無数にあるコードを探すために、日常をよく観察してゲームのように楽しんでください。それが発見できれば、例えばお料理の盛りつけ方にもシズルが大いに関係があることを発見し、自分でも応用できるようになります。

お店のパスタとかも、クルっとしてあって、出てくるだけでおいしそう、とか？

そうですね。それは食べ物に高さを出しておいしさを演出しているのです。お店で食べるパスタってお皿の面積に対して半分くらいで、トングでクルっと捻りながら盛りつけ、三角錐みたいになっている。それに対してあなたの家でつくったパスタはどのように盛りつけられているでしょうか？

えーっと……。彼が来たときなんかは……。

みなまで言わなくても、大丈夫です（笑）。

シズル感は、どんな演出にも、とっても重要な概念です。例えば人においても、かっこいい芸能人はかっこいいシズル感の演出を、かわいい芸能人はかわいいシズル感の演出をそれぞれ巧みに利用しています。単に顔やスタイルがいいだけじゃない、シズル感の演出もあっての芸能人なのですね。対象が芸能人じゃなくても、感じのいい上司や、近所の人、友達、じぶんがいいなぁと感じている人のシズル感を見つけてみることも、ぜひやってみてください。具体的には、**何かを引き立てるために、何が作用しているかという関係を探してみる**といいでしょう。

WORK

オシャレなカフェに共通するシズル感をたくさん見つけてみてください。

↓照明？　黒板？　友達と一緒に見つけてみるのもいいでしょう。

LESSON 11

コードを理解していれば自然と映《ば》える

これまで世の中にあるさまざまなコードの見つけ方や使い方を説明してきました。では、そのコードを実際にどのように活用、応用していけばいいのでしょうか？　みなさんの日常における身近な例で見ていきましょう。

インスタグラムはコードの塊！？

コードを理解しているからこそのインスタ映え

いままで文字の形やシズル感などをいろいろと学んできました。これらの活用の宝庫と言っていいものがＳＮＳ、特にインスタグラムです。インスタグラムの写真なんかはもうシズル感やバランスの塊です。
一般に「インスタ映え」すると言われているような写真にはオシャレに見せるための工夫が存分に施されているものが大半を占めています。

私、こういうのを待ってました。

お待たせしました。人気のある映えてる写真は、写っているもの、構図、写真の色から、人のポーズ、表情、服のセレクトまで全部計算されています。それらの計算を総称して「意識高い」という言葉が使われていますが、これは意識低い見せ方と、意識高い見せ方の演出の違いを、投稿するほうも見るほうも互いにコードを理解しているから、その違いについて共有できるのではないでしょうか。

例えば、料理の写真でメインのお皿を木目のはっきりとわかるテーブルの上にのせて、その周りにお花や草を散らして、真俯瞰（真上）から撮るなんていう設定は、いつもの家のテーブルで布巾とかが見切れながら斜め上から撮る写真とは違うことで、それこそ色彩的にも非日常な食卓を演出しているわけです。

女の子が自撮りの際に小顔に見えるポーズもそうですよね。斜め上45度から撮るというルールとか。

確かに。上目遣いになることで目が大きく写り、顎のラインをシャープに見せることができる、それを実践するからみんな可愛く見えるわけですね。

そういう風に分析されると、少し虚しくなりますね（笑）。

すみません（笑）。でもそれを知らない、気にしないオトナは、ずっと真正面からのピースマークでしか写真に写らないので古臭く見えます。
「インスタ映え」ポーズの話で言うと、プロのモデルはカメラマンが「好きに動いてみてください。シャッター切っていきますから」というと、50種でも１００種でも美しく見えるポーズ、表情を繰り出していきます。

モデルがモデルらしく美しく見えるコードを完全に理解して、行動しているから、あの素敵な写真写りなんですね。これは**人だけに限らず、食べ物や建物、風景など、それぞれに映える構図や演出のコードが存在しています。**

「まだ着れる？」は要素分解で判断できる？

では、カーさんに質問です。洋服の長袖シャツなんて19世紀初頭にダブルカラー（いまのシャツの主流である折襟）が出てきてから２００年くらい大きく形を変えていないものなのに、このシャツは古い、これは新しいなんてどうしてわかるのでしょうか？

単純にデザインですが、教えていただいた分解で捉え直してみると、生地とか襟のデザインが微妙に変化しているのではないでしょうか。

そうです。もっとよく観察してみると、生地、縫製、丈、襟の大きさ、袖の太さなどが時代と共に細かく変化していることがわかります。だから、まだ着れるなんて思って10年前のシャツを引っ張り出してきて写真を撮っても悲しいかな「ダサい」と言われること間違いなしです。

悲しいかな体型の問題もありますけどね……。

僕も人のことは言えません。ただ、ファッションの流行は巡るので、来年には11年前の服のデザインがオシャレになっているかもしれませんが(笑)。とにもかくにも「写真写り」「映え」という例えのもと、その裏に潜むコードをご理解いただけたでしょうか?

はい。ありがとうございます。

人や生活の写真だけでなく、花や虫といった自然のものも含む、ほとんど全てのものが何らかの理由をもって、自身をよく見せる何らかの演出を施しています。

その理由は子孫の繁殖のためであったり、購買意欲をそそるためだったりさまざまですが、そのコードは無数に存在します。
大阪のおばちゃんはなぜハデ好きなのか。どうして胡蝶蘭はあんな形なのか。誰に対しての何の演出かがわかると、世の中って自然のものも、人工的なものも本当に演出だらけだなと感じます。
日本の原風景として思い出される山間部の農村の風景だってほとんど人によってつくられた景色ですから、おもしろいものですよね。

WORK

じぶんの趣味をインスタ映えさせてみましょう！

ペットなら？　料理なら？　どんなコードを利用すればいいでしょう？

美しいと思うものに共通すること

自然は癒されるよなぁとか。あの人、顔かわいいなーとか。アートに疎い私だけど、あの美術作品は、なんだかいいなぁと思うんだよな、とか。デザイナーがつくったロゴやグラフィックはどうしてあんなにまとまって見えるんだろうとか。

SNSの世界だけでなく身の回りには「美しいな」と思うものがたくさんありますが、そんなところにも実はコードが潜んでいます。さっそく答えから。

それらがよく見える理由は「黄金比」と呼ばれる比率が使われていることが多いからです。黄金比は、紀元前3世紀頃、古代ギリシャの数学者であり天文学者であったユークリッド（ギリシャ読み／エウクレイデス）が最初に発見したと言われている、1：1・618の普遍的な美しさを持つ比率のことです。

ものの比率が1：1・618ってだけで美しく見えるなんて「そんなの嘘だ！」と思うかもしれませんが、本当です。これは、貝殻や葉っぱといった自然界の美しいものの構造に多く見られる比率で、これを意図的に用いた絵画が、レオナルド・ダ・ビンチの代表作である、モナ・リザです。日本の芸術家では葛飾北斎の作品にも黄金比が見られます。建造物ではパルテノン神殿やピラミッド、パリの凱旋門などが有名です。最近ではアップルのロゴ、Ｔｗｉｔｔｅｒのロゴ、トヨタのロゴなども全て黄金比を用いてデザインされていると言われています。時代も国もジャンルも違うのに共通の比率があるなんて面白いですよね。

また、美しいと言われている人の顔のパーツの配置も黄金比に当てはまっています。往年のスターだとオードリー・ヘプバーンさん、最近の日本のタレントだとローラさんや新垣結衣さんが黄金比の顔を持つ女性と言われています。このようなことから、美容外科では美しさの基準として黄金比を用いた美容整形のためのテンプレートを用意しているところもあると聞きます。

黄金比と似たもので、白銀比と呼ばれているものも存在します。黄金比が約１：１・６１８なのに対して白銀比は１：１・４１４です。こちらは蜂の巣の多角形の比率や、ＤＮＡの二重螺旋構造にも見られると言われています。こちらも黄金比同様不思議です。白銀比の使用例としてはＡ４用紙の短辺と長辺の比率や、大仏、ドラえもん、キティーちゃん、東京スカイツリーなどもこの比率が当てはめられています。白銀比は昔から日本で用いられてきたもので、大和比との別称があります。

先ほどの美容整形に関しては、白銀比も用いられていて、美しい顔なら黄金比、かわいい顔なら白銀比をベースに施術するという使い分けがされているそうです。

黄金比や白銀比がなぜ自然界の中に存在し、またそれを見た私たちが、なぜ美しいと認識するのかはわかっていませんが、これらのコードが美しさと関係していることは間違いありません。美しいなとか、かわいいなと思っていたものの裏には実はこんなコードが隠れているなんてとても興味深いですよね。

黄金比を深掘りしていくとフィボナッチ数列とか数学の世界に突き進んでいくので（五感で感じるものは全て数学的に証明できる日も近いと思います）ご興味ある方は、より深く探求してみてください。

フィボナッチ数列？

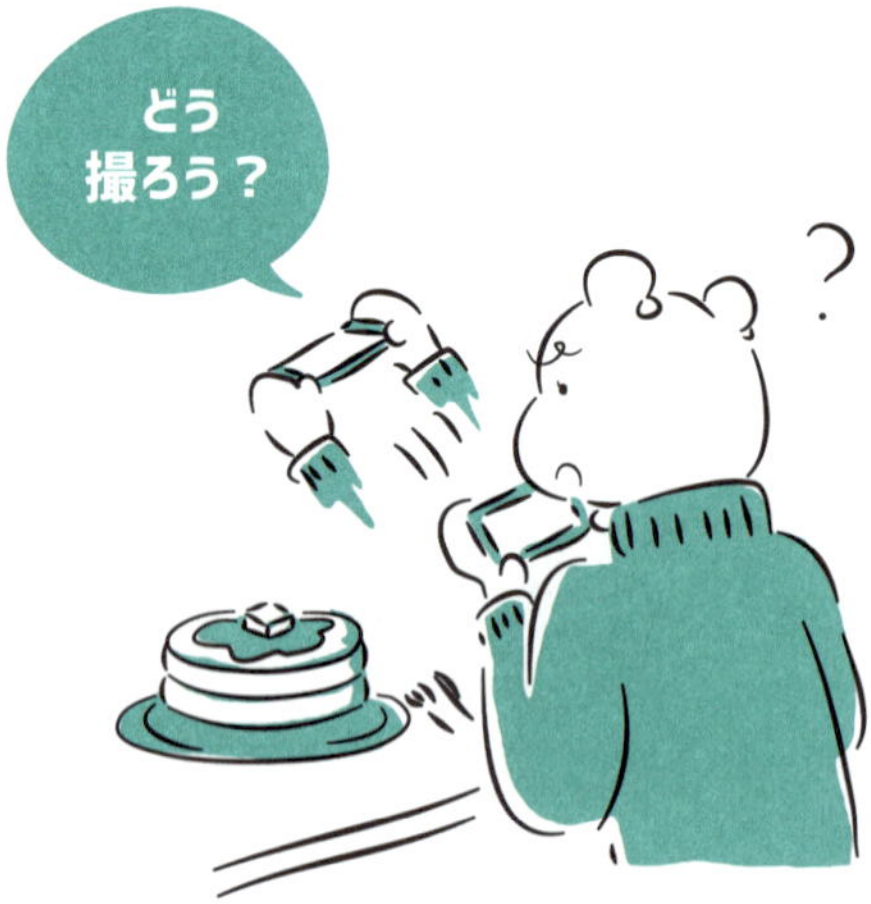
どう
撮ろう？

Chapter 3

コミュニケーションをデザインして、うまく伝える

LESSON 12

はじめてのことをうまくやる4つのステップ

「はじめて」のことって、つい緊張し、構えてしまって、うまくいかないことが多いものです。しかし、どんなにはじめてのことでも、手順さえしっかり踏めば、失敗せずに、良い結果が残せるものなのです。まずはその方法から紹介します。

手順を踏まずに動いていませんか？

できるようになるには手順がある

先生、私、この間、ジョブローテーションで通販事業部の配属になったんです。お客様対応や商品発送とかもあって、慣れない仕事にちょっとダウン気味なんです。

なんでも、はじめてのことって、何から手をつけていいかわからないし、間違えたらいけないと緊張するし、うまくできないと思い込んでしまうことが多いですよね。しかし、あせらないでください。きちっとステップを踏めば、はじめてのことも、うまくできるようになります。

本当ですか？　ぜひ教えてください！

では順を追って説明しますね。
まずは**「ステップ1　人を観察する」**です。
仕事、勉強、趣味、なんでもそうですが、先にそれをうまくやっている人を観察します。単純に「上手だな」とか「作業が速いな」とか「まとめ方が上手だな」とか、そういった感想レベルではなく、もう少し細かい部分、真似できそうな部分を探してインプットしてきます。

思い出してみると、先輩の田中さんは発送作業の手際がいいですね。もしかしたら、箱詰めの作業が速いのかな？　もう一人の先輩の鈴木さんは、とにかく場を和ませてくれる人で、お客様対応もうまいですね。

なるほど、そうなんですね。今度からはより詳しく観察して、できるだけ感じ取ったことを忘れないようメモや写真や動画に残すのがオススメです。

それができたら**「ステップ2　仮説を立てる」**に移ります。ステップ1の観察から得た情報を頼りに、考えられるだけの仮説を立ててみてください。

はい。えーっと、田中さんは、鈴木さんより、いつも箱詰めの作業が早く終わります。もしかしたら、目線の配り方にコツがあるのかな。

目線の配り方とはどういうことですか？

んー、数秒先にやることを先回りして見ているから次の動作へ移るのがスムーズになるんじゃないのかな？　いや、田中さんは鈴木さんと違って足でリズムを取っていたかも。それがスピードにつながっているのかな。

では鈴木さんはどうですか？

鈴木さんは、田中さんより周りの人とのコミュニケーションをうまく取っているように思います。いつもニコニコしていて、気配りがすごいというのかな？

なるほど、そこから仮説を立てるとなるとどうですか？

「田中さんは仕事は速いけど、人と話すのは得意ではないのではないか？」
「一方で、鈴木さんは、あの笑顔で人を惹きつけているのではないか？」
ですかね。

はい。ありがとうございます。

では、ステップ2の仮説をもとに、次は**「ステップ3　じぶんはどうしたいのか」**を考えていきます。具体的には、じぶんはどうしたいのか、何を実行するのかを決定します。2に挙げた例で言うと、

「田中さんの作業効率を見習って、じぶんも作業効率を上げたいのか？」

「鈴木さんのようなコミュニケーション能力を上げたいのか？」

その仮説を今回のできるようになることの目的と照らし合わせて、それに対してどうしたいのかを意思決定します。

それができたら後は**「ステップ4　やってみる」**です。ステップ3で決めたことをステップ2の仮説をもとに真似してやってみてください。もしもうまくできなかったら、細部まで観察、研究できていないか、それに対して繰り返し練習できていないかのどちらかです。

うまくできたじぶんを褒める

できればどっちもうまくやりたいんですが、欲張りですかね。

そんなことはありません。ただ、一つひとつやったほうが、結果的にふたついっぺんにやるよりも、習得が早いかもしれません。あせらず、優先順位をつけてみるのもいいでしょう。

うまくやれない、できない、には理由があります。大抵の場合「やり方がわからない」から「できない」となります。

やる気がないとか、意識が低いというのは精神論であって、そこに気合いを入れたからといって、できないものができるようにはなりません。やり方がわからない人は、やり方をよく見て（よく調べて）真似ればいいのです。

そして、それがうまくできるようになったら、じぶんを褒めてください。すごく当たり前のことですが、**真似する→できる→褒める。コンサルティングでも課題解決のフレームの基本はここにあります。**

\WORK/

キャベツの千切りを、うまく、速くやってみましょう。

↓ご家族でうまい方や、YouTubeなどを参考にステップを踏んでみてください。

LESSON 13

「つっこませる」が会話を活性化し、相手に印象を残す

正しいことを言っていても、誰もひっかからずスルーされるようだと、話自体や、関係性が発展することは難しい、それがコミュニケーションというものです。そうさせないためのツールとなるのが「つっこみ」です。

つっこませて膨らます！

大事なのはボケて「つっこませる」こと

僕、実は人と話すことが苦手なんです。

えー、そうだったんですか？　ここまでいろいろと教えてもらってきての、突然のカミングアウト。全然そんな風に感じません。

はい、嘘です（笑）。でも僕は人と話す時、コミュニケーションのテクニックとして「つっこませる」ことに注意して話しています。

つっこませるですか？

そうです。現に先ほども僕の嘘につっこんでいただいたじゃないですか（笑）。はい、では真面目に答えますね。例えばAさんがBさんに「おはよう！」と挨拶しました。Aさんは、無意識にBさんの返答を予測します。

1 「おはよう!」と返してくれる
2 「おはようございます」と返してくれる
3 「×××××ます!」と『ます』だけはっきりと返してくれる
4 無視される（気づかない）
5 「オッハー!」と返してくれる
6 その他

というように、だいたいが4までをなんとなく想像していて、5、6を言われたら、ちょっとドキッとするか、相手に「どうしてそんなに古いんですか（笑）」などと、つっこみたくなりますよね。別に挨拶で無理につっこませなくてもいいのですが、このつっこみが会話を膨らませてくれるのです。

えーー、ほんまかいな!

関西バカにしてるでしょう。しかし、ナイスつっこみですね（笑）。

一般的なコミュニケーションのテクニックには、共感と、つっこませるという2種

類があります。共感は安心を提供し、つっこませる（ボケる）は、イマジネーションを提供します。

でも、正直ボケるなんて難しくないですか？　特にビジネスの場とかではどうボケたらいいのか……。

こちらがどれくらいボケられるか（ふざけられるか）は、関係の深さによって表現が異なるので、誰にでも同じ表現になるわけではないのですが、そこを推し量ることも楽しいやりとりではあります。

ただ、話の本線をわざとズラすクリエイティブなボールを相手に投げて、そのボールをキャッチした相手が、楽しみながら本線に戻してくれることで、コミュニケーションが深まることは間違いありません。

このように、つっこませる（ボケる）ということは、本筋から話を逸らせることで、緊張がほぐれたり、余裕が生まれたり、理解の幅が広がったり、考えたりすることができます。

本筋から話をそらせるですか……。あっ、そう言えば、比較的高額なものを売る、成績のいいセールスマンは、じぶんが売る商品やサービスのことを話さなくても売れるという話を聞いたことがあります。もしかしてこれも同じことですか？

そうですね。これはある意味上品にボケ続けていると言えるでしょう。例えば自分のプライベートの体験談であったり、ある分野においての深い知識だったり、その情報を共有することによって、顧客の信頼を勝ち得ていきます。

「プライベートの上質な体験談→豊かな人生のイメージ」
「ある分野においての深い知識→博学でスマートなイメージ」

といったものを相手に想像してもらい、それを商品やサービスに結びつけてもらうことで、できあがるコミュニケーションです。

会話はズラして膨らます

冒頭の僕のボケも「おはよう」の話も、会話の中に何か仕込んでいるものがあります。それが何かわかりますか？

相手に自由に想像してもらうきっかけを与えているということでしょうか。

するどい！　イマジネーションを相手に求めて、それがその相手の頭の中を活性化できたら、相手の緊張感を緩和して、なおかつ興味や好意や信頼を得ることができます。それには、**みんなが良しとする、基本線を理解した上で、それからどうズラすか、どう膨らませるかということを常に意識**して、世の中を見ることが大事です。

挨拶の話で言うと、昔こんなことがありました。ある夜、僕が京都の先斗町を歩いていると、ベテランの芸妓さんが、これからお店に入るというシチュエーションに出くわしました。

その時僕は、芸妓さんは何て挨拶をしてお店に入るのだろうか？　と考えました。「こんばんは」なのか、京都だから「おばんどすえ」（多分間違い）なのか、はたまた僕の知らない舞妓／芸妓言葉があるのかな？　なんて期待しながら様子を窺っていたら……、何と言ったと思いますか？

「こんばんは」でも「おばんどすえ」でもないわけですよね……、正直無茶ぶりというか、当たるわけ……、ってもしかして私、いまつっこまされてます？

はは、勘ぐりすぎですよー。とにかくその芸者さんは、何と言ったかというと、まさかの「グッドイブゥニングゥ♫」と言い放って暖簾をくぐっていかれました。言うまでもなく、僕はその時に、とても不意を突かれて大笑いしてしまいました。しかも一人で（笑）。きっとお店の中の人も同様だったに違いありません。

この経験から僕の中の挨拶のバリエーションは増えました。

記憶に残るコミュニケーション＝相手の頭の中を活性化するコミュニケーションは、決して本質を丁寧に説明する／されるだけでは得られない体験です。

日常体験を、ボケて、膨らませて、または相手につっこんで、普通の日を特別な日常体験に拡張して、毎日を楽しんでみてください。

＼WORK／

ビジネスシーンですべらず、記憶に残る挨拶を考えてみましょう！

↓得意先、新規の取り引き先、外注先など相手別に考えてみてもいいでしょう。

LESSON 14

「どうしても伝わらない」時は5W1hで再チェック

よく理解できないプレゼンには、「誰がやるの？」とか、「なぜいまそれをする必要があるの？」とか、「具体的にどうするの？」などが抜け落ちていることがしばしばです。それを簡単にチェックできる便利なツールがコミュニケーションの基本中の基本5w1hです。

あなたの話、何か抜けてませんか？

まとめ方のキホンをおさらい

人に何かを説明する時って、何からまとめていいのか、何を伝えたらいいのか、わからなくなって混乱する時がありませんか？

私、説明めちゃめちゃ苦手です。いつも混乱します！

都市部で生活していると、広告など目に入るものは情報がまとまっているものが多く、何を言いたいのかわからないものは少ないのですが、田舎に行くと国道沿いの空き地に立っているような看板は、何の看板なのか、何を伝えたいのかわからないようなものが多くて、混乱というか困惑してしまいます（笑）。

仕事では**5w1h**というフレームがよく使われます。ご存知の人も多いかもしれませんが、**when（いつ）、where（どこで）、who（誰が）、what（何をする）、why（なぜ）、how（どのように）**の5w1hです。

このいつ、どこで、誰が、何をする、なぜ、どのように、というまとめ方は、何かを伝える時の基本フレームとして、仕事に限らずいろんなシーンで使えます。
例えば次の文章を先の例に倣って分解してみてください。

A　今度、熊野がパーティーを開催します。ドレスコードがあるのでよろしくお願いします。みなさまのお越しをお待ちいたしております。

えーっと。
[いつ] 不明
[どこで] 不明
[誰が] 熊野森人
[何をする] パーティー（何のパーティーか不明）
[なぜ] 不明
[どのように] ドレスコード？？　どんな？？
でしょうか？

では次もお願いします。

B　5月16日13時～。渋谷のレストラン・クーマで熊野森人のバースデーパーティーを開催します。くまさんだらけのパーティーを行いたいという本人の希望により、当日のドレスコードは、くまの着ぐるみとさせていただきます。みなさまのお越しをお待ちいたしております。

はい。

［いつ］　5月16日13時
［どこで］　渋谷のレストラン・クーマ
［誰が］　熊野森人
［何をする］　バースデーパーティー
［なぜ］　くまさんだらけのパーティーを行いたい（誕生日をみんなと祝いたいから）
［どのように］　ドレスコードをくまの着ぐるみにする

ですかね。

ありがとうございます。このように書かれると、当然後者のほうがわかりやすいですね。Bの例のようにいつもじぶんから人に発信する情報は、整理して人に伝えてい

るよ、なんて人も多いかもしれません。ただ、実際には、この中の項目の一部を考えないで「過去はそうだったから」「一般的にそういうものだから」みたいな理由でスルーしていることはないでしょうか。

ん？　どういうことですか？

目的をうやむやにすると手段を間違う

例えば次のような例ではどうでしょう？　また分解をお願いできますか？

● 営業2部では、10月1日10時 品川駅新幹線北口改札集合で、大阪ＵＳＪに部員旅行に行くことが決定しました。

【いつ】10月1日10時
【どこで】品川駅新幹線北口改札集合（その後ＵＳＪ）
【誰が】営業2部

［何をする］部員旅行
［なぜ］不明
［どのように］ＵＳＪで遊ぶ？
でどうでしょうか？

そうですね。この場合、旅行の意図（目的）があってないようなものとなっています。目的が部員の親睦を深めるのか、慰安なのか、少なくともどちらかを選択しないと**目的と手段がボヤっとしてしまいます**。

例えば親睦を深めることが［なぜ］に当てはめられるなら、ＵＳＪのような場所に行ってバラバラに分かれ、それぞれがアトラクションを楽しむスタイルよりも、もっと話す時間がたくさんあったり、バーベキューといった何かしらみんなで協業できるようなスタイルであったほうが、意図（目的）を達成する手段としてはふさわしいと考えられないでしょうか。

確かにそうですね。

飲み会に若い人が参加しないといった問題もこれと同じく、アルコールを入れて無礼講で親睦を深めることが目的なのか、アルコールがなくてもオフィス以外の場所で仕事の話以外を中心とした話の共有＝人となりを共有したいのか、という風に考えることもできるのでは？　と思います。

仮に後者の目的であれば別に夜に居酒屋でお酒を入れなくても昼にカフェでコーヒーでもいいと思うのです。目的と手段がボヤっとしていては、特に若者からは共感されません。

それ共感です！

ありがとうございます。とにかく、何か人にものを伝えて、相手の理解が悪い場合は先に説明した５ｗ１ｈのうち何かが欠けていたり、わかりにくかったりすることが多いです。

「いつ、どこで、誰が、何をする、なぜ、どのように」のうち、どこかが抜けていないか、曖昧になっていないかをチェックしてみてください。

はい。これなら私でも説明が上手にできそうです！

最後に、みなさんが、もしも親だったとして、子どもに「勉強しなさい」と言う。みなさんが、もしもどこかの会社の上司だったとして、スタッフに「常識的に行動してください」などと言う。そのような状況があれば、たった一言の言葉で伝えるのではなく、「いつ、どこで、誰が、何をする、なぜ、どのように」を添えて、細かく伝える工夫をしてみてください。そんなこと説明するまでもなく常識だ、理解できないことが嘆かわしいなどといったコメントはぐっと飲み込んで、優しく、詳しく説明してみてください。

すると、きっと相手は真意をすぐに理解し、行動してくれるようになると思います。

WORK

じぶんの誕生日会の案内文面を考えてみましょう。

⬇どんな5w1hなら客観的に行ってみたいと思いますか？

LESSON 15

伝える順番を変えるだけで与える印象がガラッと変わる

同じ出来事でも相手が違えば与える印象も変わってきます。それは相手が正しいと思っている常識がそれぞれ違うから。そこで重要になってくるのが伝える順番です。今回は自分の思いをよりよく伝えるための「話す順番の設計」について見ていきましょう。

最初にするか？　最後にするか？

順番の設計が結果を変える

面識のない人に何かをお願いをしなくてはいけなくなった時、どのように、その人にコンタクトを取ろうと考えますか？

「はじめまして」という挨拶から、電話かメールで連絡を取ると思います。

正面から行ったらそうですが、僕なら、その人を知っている知人を探し、その知人に仲介をお願いして、できるだけ距離や壁のない状況を用意してから、お願いごとができればと考えます。

そのほうが交渉ごとがうまく行く確率が高いと判断するからです。

あ、ずるい。私だってそんな人がいればそうしますよ！

別にずるくはないですよ！　コミュニケーションにルールはありません（笑）。

確かにそうですね。一般的に、どこか根回し的な行動そのものに対する印象が悪いんでしょうね。

その感覚はとてもよくわかりますが、今回のシチュエーションの場合、競争でもなんでもないので、別にいいかと思います。それで、何を言いたかったかというと、ものごとを円滑に進めるには順番の設計はとても大事で、その順番によって、結果が違ってくるということは多々あるということです。

なるほど。それは知りたいですね。具体的にどんな風に設計していけばいいんでしょうか？

伝える順番は相手のことを考えつつデザインする

例えば次ページの図の男女のストーリーを見て、それぞれに対してどのように感じるでしょうか？

A

付き合う
両親に挨拶に行く
同棲する
結婚する
子どもができる

B

付き合う
同棲する
両親に挨拶に行く
結婚する
子どもができる

C

付き合う
同棲する
子どもができる
両親に挨拶に行く
結婚する

D

付き合う
子どもができる
同棲する
結婚する
両親に挨拶に行く

見ておわかりのように、A～Dの項目は同じ出来事の順番を入れ替えただけです。しかし、A～Dに行くにしたがって男女と両親の関係を想像してヒヤヒヤするようにはなりませんか？

確かにそうですね。ちなみに私の場合は、Bでした。

ご結婚、おめでとうございます。奥様のご両親からは当時お咎めやお小言はなかったでしょうか？　例えば両親が若い頃Aの順番で結婚した人たちなら、その人たちの信じる正解の順番はAで、Bでも不快感を示すかもしれません。しかし、両親がCの順番で結婚した人たちなら、ひょっとするとDでも許容するかもしれません。

なるほど。ということは、前に習ったように、事前に解像度高くご両親のことを理解することが必要そうですね。

そうですね。
これは遊びでも、仕事でも同じで、じぶんが信じる順番の常識と、人の順番の常識は違うので、まずは相手の順番の常識をリサーチすることが大事です。
次に相手の順番の常識を許容できるなら、それに従えばいいし、違和感があるのであれば、相手が正義とする「筋」や「順番」をお互い確認し合って整えることが必要となります。
わかりやすい例で言うと、タクシーに乗って、目的地までこう行くのが「当然」というルートがじぶんの頭の中にあるなら、それを運転手さんに予め伝えるといいでしょう。運転手さんの頭の中にある「当然」のルートと違った場合、後でモヤモヤしたり、トラブルになったりします。

WORK

憧れの人と親しくなる手段と順番を考えてみましょう。

↓イメージとしては手が届きそうで届かないくらいの人がいいでしょう。

LESSON 16

「思う」ではなく「考える」であり得ないをあり得るに変える

「思う」はイメージを心に浮かべること。「考える」は、いろいろとイメージを巡らすこと。これらの言葉のそれぞれのイメージを明確に頭の中で持つと、ものごとが次第に整理され、次に何をすべきかのアクションが自然と見えるようになってきます。

「思う」では、いつまで経っても夢のまま！

考えを巡らし具体化する

突然ですが宝くじは買っていますか？

買う時もあれば、そうでない時もあります。ただ、買う時は「今回はなんとなく当たりそうだ」いう予感がするとかですかね。きっかけはさまざまですが、「なんか最近ツイているので、あのよく当たる販売所で買えばひょっとすると……」なんてあれこれ妄想したりします。

ありがとうございます。結論から言うと、宝くじに当たればいいなぁと思っている人は宝くじに当たりません。

全否定！（笑）信じるものには福きたるですよ！

すみません。ちょっと言いすぎましたね。先ほど僕は、「宝くじに当たればいいなぁと〝思っている〟人は宝くじに当たりません」と言いました。

思っている？

そう、「思っている」です。思っているだけでは人は行動に移らず、宝くじを買うことをしないため、確率で言うなら0％です。
対して宝くじに当たればいいなぁと「考えている」人は、0・000005％くらいは当たる可能性があります。

考えている人は当たる確率がある？　思うと考えるって何が違うのですか？

この項目の冒頭イラストのように「思う」と「考える」の違いは、図解するとよくわかります。
「思う」はよくある漫画の「思っている」の図ですね。頭ともくもくの雲の間はつながっておらず分断しています。
対して「考える」はマインドマップみたいに、頭から実線がつながっています。だからなんなんだ、って話ですが、このつながっているということは、言い換えれば考えた後に行動の道がつながっているということなんですね。いろんな選択肢の中からひとつを選んで行動に移すための頭の中の設計図なんです。つまり、考えるということは、実際に行動に移せる思考なのかどうなのかということになります。宝くじの例で具体的に考えると、

・いつ買おう（a／いま　b／明日　c／週末）
・どこで買おう（a／家の近くの宝くじ売り場　b／会社の近くの宝くじ売り場　c／当たると評判の友達の家の近くの宝くじ売り場）
・どんな宝くじを何枚買おう（a／サマージャンボをバラで30枚　b／サマージャンボを連番で20枚　c／ロトを50枚）

ということになります。購入までのイメージを巡らせてから、それぞれの項目ごとに選択をして、後は実際に買いに行くという、時系列のイメージを実行するだけなので、行動に移れますよね？

これと同じで、

- いつか痩せたらいいなぁ、と思う
- 今度の休みはパリに行けたらいいなぁ、と思う
- 最近会っていない友達に、今年中に会えたらいいなぁ、と思う

これは残念ながらどれも実現する可能性は低いです。では、実現させるためにはどう考えればいいでしょうか？

「思う」ではなく「考える」なので、例えばもう少し具体的に

- 痩せるためにどうやって運動するかを考える
- 5月に休んでパリに行くことを考える
- 最近会っていない友達に夏休み中にどうやったら会えるかを考える

でしょうか？

そうですね。ものごとを具体化するために「運動する」や「5月に休んで」や「夏休み中に」などと制約をつけるのはとてもいいですね。このように、イメージを巡らしてたくさんの選択肢を出して、その中から決定し、実行していくことが「考える」ということです。

考えられるだけの選択肢をイメージして比較

もう少し例を出しましょう。例えば、いまお金がないとします。1ヶ月後までに10万円が必要になった場合に、どのようにお金を手に入れる方法を考えますか？

私なら、とにかく誰か近しい人にお金を借ります。

もう少し考えを巡らせてみましょう。

例えば、

- **1／働く 2／借りる 3／ギャンブルで儲ける**

というような3択が頭の中に浮かぶ人もいるでしょう。

あるいは、

- **a／株に投資する b／クラウドファンディングで集める c／持ち物を誰かに売る**

と答えるかもしれません。

イリーガルな選択肢を入れるなら、

・ア／盗む　イ／ひったくる　ウ／詐欺をはたらく

といったことまでアイデアに入ります。

偶然の選択肢も入れるなら、

・甲／拾う　乙／遺産が転がり込む　丙／温泉または油田を掘り当てる

みたいなことも入ります（笑）。

このように、どんな課題を解決するためにもまずは考えられるだけの選択肢をイメージして、それらを比較すること。そして、そこからの選択は、リスクや面倒臭さ、実現性の有無でフィルタリングしながら、ひとつに絞っていく。この作業がとても大事なのです。

なんとなく時間がかかってしまいそうで、正直面倒ですが、これをやるとどうなるんですか？

あり得ないと思っていた方法が、あり得るかな？　に変わったり、これしかないと思っていた方法よりも、より良い方法が見つかったり、なによりこの選択肢がたくさんあるほうが心の閉塞感はありませんよね？　実はこれ、人とのコミュニケーション

を円滑にするのにも、とても大事なことなんです。

なるほど。いろんなアイデアを共有することができたり、全てのアイデアが時系列で並んだりするので、話がわかりやすいですね。

そうです！　「考える」時は時系列でものごとを順に整理することが大事です。そうすると、人に考えを伝える時にも誤解なく、わかりやすく伝わります。何を話しているかわかりにくい、と言われる人のほとんどは、時系列で話をまとめられていないから、そう言われます。

その人の頭の中では順番を飛び越えてつながっていることが多いのですが、一つひとつ順を追うことが大事です。伝えるってなかなか難しいものですね。

＼WORK／

明日から継続的に運動するための方法を考えてみてください。

↓まったく運動していない人はまず1週間続くような方法から考えてみましょう。

LESSON 17

見える化で〝つもり〟をなくし成果につなげる

掃除機についているゴミセンサーはLEDの光でゴミの残量を判断できるようにしたもの。これはいままで見えていなかった微細なゴミまで見えた気にしてくれる機能です。問題解決のシーンでも見えないものを見えるようにするのは有用な手段となります。

頭の中をすべて可視化！

見える化で問題解決

物事の全体や、イメージしづらくわかりにくいことを、誰にでもわかるようにすること。これを見える化、可視化と言います。

例えば会社で働いている人ならお馴染みの、オフィスにあるあのボード。自分の名前が書いてあって、いま社内にいるのか出先にいるのか、何時に戻ってくるのかなどが記載されているあれは、まさに「〇〇さんどこにいる?」をパッと見てわかるようにした、見える化のわかりやすい例です。

ソーラーパネルを設置されているお家や、電気自動車、ハイブリッド車に乗っている人にはお馴染みの発電量の表示なんかも見えないものが見える化された例ですね。

工事現場の騒音が数字になって表示される電光サインとかもですよね?

そうですね。あれは「騒がしいな」と感じている近隣の方へのメッセージ(工事現場における適正値だから、申し訳ないですが我慢してくださいね)と、じぶんたちも

音を意識しながら作業して、できるだけ静かにすることを目的として設置されているものです。

あれがあることで聴覚で感じる音が視覚化でき、文字通り**見えないものを見える化することで問題をある程度解決**した良い例と言ってもいいでしょう。

ジムのランニングマシーンやバイクマシーンは、運動した分の消費カロリーを教えてくれるので便利です。最近はそのカロリーが食べ物で言うと、ごはんお茶碗一杯分なのか、ショートケーキ1個分なのかなど、グラフィックに変換してくれます。

そうそう。あれは数字よりも、解像度高く消費カロリーを理解できて、次にカロリーの高いものを口にすることを拒む思考になりますよね。

逆に「これだけ頑張って運動したのに、お茶碗半分のごはんしか消費していないのか……」なんて、心にナイフが刺さることもあります。

見えなかったものが可視化される時代

ものごとの手順やすることを覚えられない子どもに対しては、「やること」という複合的なイメージを持っている言葉に対して、その要素を分解して、なおかつそれぞれを見える化することで、やらなきゃいけないことが、その手順通りにできるようになります。

左の下図のようなTo Doリストを用意して、できたらチェックを入れるといったことをすると、見える化のデザインが機能しはじめます。

これは、前の解像度の話とつながっています。**見えないもの、解像度の低いものを、どう可視化するかというところから、考えることが大事です。**

私は、To Doリストは会社でも、家でもすでにやっています。

いいですね。これからの時代は、例えば人の幸福や、機嫌など、いままで見えなくて当たり前だったものが、可視化される時代になります。見えなかったものが見え出すのは、単純に面白いことですし、その後のコミュニケーションのルールが変わるきっかけでもあります。先に紹介したような子ども用のＴｏ Ｄｏリストだけでも人の行動は変化します。

　みなさんも、うまくいっていないことがあれば、できる限りうまくいっていない理由を見える化してみてください。

えっ、理由もですか？

はいそうです。

理由まで考えると、うまくいっていないこと

子どものTo Doリスト

例

●学校に行く前にやること

- ☑ お布団をたたむ
- ☑ ハンカチ、ティッシュを用意する
- ☑ 7時20分に家を出発

●学校から帰ってきてやること

- ☑ 手洗い、うがい
- ☐ 宿題
- ☐ 連絡帳をお母さんに見せる

の解像度はかなり上がります（下図参照）。解像度が上がれば、人は？

行動に移しやすい。

その通り、正解です。僕の普段の仕事は、クライアントである会社の指針やミッションといったことを考えて提案することが多いのですが、この作業はまず、経営者や役員の頭の中を全て可視化していきます。

それはボヤっとした映像の時もあれば、明確な言葉の時もあります。それらは抽出した時点では他とつながっていない単なる点であることが多いのですが、それらの共通項を見つけてつなげていくと、ある言葉が浮かび上がってきます。

うまくいっていないことを見える化

例

●なかなか痩せない

☑日々の体重は記録しているが、摂取しているカロリーはわからない

➡体重だけを計っていても意味がないかも。体の中にいれるものの数字を把握すると改善する

☑運動できていない

➡決まった時間を取ろうとするから難しい？　通勤を運動と捉えるなら？　短い時間で運動は可能？

☐お酒をやめられない

➡カロリーの低いお酒に変えてみることは可能？例えばビールを炭酸水に変更することは可能？

それこそが求めていた答えのことが多く、可視化することによって、その言葉に至ったプロセスや関係性も整理できます。おもしろいことに、答えは僕がひねり出したものではなく、クライアント自らがすでに持っていることがほとんどで、見えてなかった、もしくは見ようとしていなかっただけなんですね。

結局、わからないと思っている悩みの答えはじぶん自身が持っているということですか。とにかく見える化、やってみます。

見えているつもりでも、見えていない。もしくは見ているつもりにだけなっているものを見える化して、そのデータから改善策を練れば（じぶんに嘘をつかなければ）確実に成果は出ます。

\WORK/

やりたくないことについて、その理由を見える化してみましょう。

↓やらねばならない理由も一緒に書き出すと、それ自体を捉え直すことができるでしょう。

LESSON 18

その道の一流が話す例え話がわかりやすいワケ

例えるというのは、じぶんがわかっていても、相手がわからない場合に、その相手がわかるようなものに形を変えて説明すること。その道の一流と言われる人は例え話もわかりやすいものです。ただ、そこにはコツも存在します。

蕎麦ってのはどういうものかって言うと！

例える時は相手が知っていることで！

知らないことや、わかりにくいことを誰かが教えてくれる際に、僕が最も良い方法だと考えているのは「例える」ということです。これまでのレッスンでも、たくさんの例えがあったかと思います。
例えることの利点は、相手が理解していない要点を一度抽象化し、相手にとって身近な事例で具象化することで、イメージしてもらいやすくすることです。

当然例えるにもコツがあるんですよね。

はい、あります。例えるコツは、**相手が知っているであろうことで細かく伝える**ということです。ただ、相手がどの程度の知識を持っているかわからない時は、想像で仮設定するか、**一つひとつ例えるものを知っているか？　と確認しながら話を進める**といいでしょう。では、実際に例え方の練習をしていきます。カーさん、果物や野菜の中で、仮にりんごだけを知らない人にりんごを説明してください。

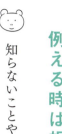

そんなシチュエーションいままでになかったので難しいですね。

はい。難しい練習問題です（笑）。頑張ってください！

えー、色はトマトやいちごのような赤色。形は日本の梨の形とほぼ同じ。食感は梨とは違い、水分量が少なく梨よりも密度が高い。この食感だけは、りんご特有のもので他に例えられない、みたいな感じでしょうか。

最後の「例えられない」は確かに！　あれって例えるの難しいですよね。ではその調子で次、日本の蕎麦をまったく知らない外国の方に説明する場合は？

えー、蕎麦は、グレーで、そば粉からできていて……。すみません。ちょっと難しいですね。

じゃあ僕が例えてみますね。蕎麦はまずパスタのような麺類であり、中華麺のように縮れておらずまっすぐで、スパゲティの2／3くらいの長さ。太さは同じくらいである。また、スパゲティ同様、通常は乾麺なので、湯がいて柔らかくする。色は、クリーム色ではなくブラウングレーで、蕎麦の種類によっては、バニラビーンズのような小さな粒々が見える。例えるなら、黒ごまプリンのような色。蕎麦自体の味はスパゲティと同じく穀物の味で淡白なので、濃いコンソメスープのようなものにつけて食べる、みたいな感じですかね。

黒ごまプリンって知っているのでしょうか？　またおいしそうにも……。

あれ、例え下手でした？（笑）りんごでも蕎麦でも、相手が知っているであろうことを前提にそれを丁寧に説明し、相手の想像力を膨らますことで理解を求めます。先ほどの蕎麦の例えは、生まれ育った国や文化が違う方への説明ですが、これ以外にも年齢の差がある方への説明（お年寄りにＶＲを説明するには何に例えますか？）、専門性の高いことを専門外の人に理解してもらう説明（ＦＸ投資のことを知らない人にどのように例えて説明しますか？）などたくさんの例えが必要なシチュエーションが存在します。

例え上手は聞き上手に勝る？

僕は仕事柄たくさんの人とお会いしますが、どんなに難しい分野のお仕事をされていても、スマートな方に限って、専門用語などは極力使用されず、使用されたとしても、それを僕にでもわかる例えでご説明いただき、とてもやさしく、わかりやすくお話しくださいます。聞き上手は話し上手とは昔から言われますが、例え上手も、聞き上手に勝るとも劣らないコミュニケーションテクニックなんですね。

例え上手になるもっと簡単なコツとかありますか？

次の3ステップを踏めば、誰でも大体は例えられるようになります。

ステップ1　例えるものを、**仕組み、構造、または色、形、音、香り、手触り、味など五感に分解**し、色なら同じ色のものを集めます。

ステップ2　次にその中から**特に似ているものを選びます**。このタイミングで、相手の年齢や性別、性格などを考慮した上で伝わるものなのかどうかを思案します。

ステップ3　**伝わるだろうなと思うベスト3の1位から順に説明していきます。**

なるほど。あらためて言われてみると例えるってこういうことかと気づきますね。

これを繰り返していたら例える力は自然と身につきます。練習としては常に子どもやお年寄りに、新しいものを伝えるということを想定してものごとに接してみてください。それができたら、次はいかに面白く、楽しく伝えられるかを目標においてください。相手のボキャブラリーや知識量を簡単な会話から推し量って、その人にわかってもらうためのうまい例え話ができるようになると、コミュニケーションがより豊かに、楽しくなります。まったく違うバックグラウンドを持つ人に出逢ったタイミングこそ頑張ってトライしてみてください。

WORK

タピオカを知らないお年寄りに、例えを使って説明してみましょう！

まずは3つのステップを踏んでやってみてくださいね。

LESSON 19

人間味のあるストーリーでエンゲージメントさせる

個々人の演出の仕方を見ていると、いまや人気のアイドルでさえ、生活感あふれる話や失敗談など、一見、イメージを損なうような話を取り入れてファンに情報を発信するようになっています。なぜならそれは、人がそこに親近感と愛着を覚えやすいからです。

応援したくなるのはなぜ？

いまやブランディングはストーリー全盛

ストーリーテリングとは、事実をただ単に伝えることではなく、人の想いが感じられる物語や、お話をつくることを指します。小説、映画、ゲーム、ドキュメンタリー、なんでもいいのですが、人はお話に共感し、お話を愛します。

事実や、コンセプト、機能といった単発の情報よりも、お話として組み立てられているほうが、認知や共感が深いことから、昨今のブランディングでは必ず用いられる手法です。さて、問題です。面白いストーリー、感動するストーリー、考えさせられるストーリー、全てに共通することってなんでしょう？

涙と笑い、両方あることですか？？

ざっくり正解です！　分解してみると、**主人公が成長**すること、**緩急の流れがある**こと、**共感と意外性の双方が含まれている**ことです。

確かに。恵まれない環境から山あり谷ありの努力でじぶんの新しい環境を切り開き、最後には思いもよらなかった大成功が待っていた、みたいなストーリーはみんな大好きですもんね。

そうですね。では、ちょっと練習してみましょう。まず、過去に誰もが経験してきたと思われる身近なストーリーを思い出してみましょう。校長先生の話、社長さんの朝礼の話、結婚式のスピーチなどなど。これらに印象に残っているストーリーはありますか？

私の場合、ないですね（笑）。むしろ、「早く終わってぇ」なんて思ったりします。

手厳しいですね（笑）。なぜそうなるかと言うと、彼らは、じぶんのことをあまり話していないからだと思います。どっかからの借り物のお話をしていたりすることが多いから説得力もなく、面白くないのでしょう。

先ほども言いましたが、ストーリーには「主人公が成長すること、緩急の流れがあること」が重要で、**あまり良くない状況が描かれてからの、良い状況への好転が、人**

の心を揺さぶります。

嘘がすぐバレる時代、ならばさらけ出すのが正解

ただ、これをじぶんごと化するとなった途端に、あまり良くない状況＝じぶんの「弱さ」を出すことに臆病になります。キレイなじぶんだけを（会社だけを）見せていたい、すごいと思わせたい、だからじぶんたちの弱さなんて見せたら大変な損失だ、みたいな考えに大抵は陥って、そこで止まってしまいます。

それは仕方ないんじゃないでしょうか？

しかし基本的に人は、ストーリーに織り込まれる事柄が、「こんなにもうまくいった」「じぶんすごい！」という情報だけだと、その人や会社に対して悲しいかな、嫌悪感を持ちます。嫌な自慢しいの奴ですよね（笑）。結果、良く見せたいのに、これでは、逆効果です。

確かにそうですね。

人生、うまくいくことばかりではないのは、全人類共通の実感としてあるのに、そのうまくいっていないことは恥として隠す。まだ、昔であれば隠し通せたかもしれないですが、インターネットがあり、全人類ジャーナリストとなったいま、隠すほうがイメージに弊害があることが多くなってきています。

SNSはみんな見てますもんね。見ていないようなフリして……。でも、お笑い芸人でもないのに、自分の弱みで、惹きつけるなんてちょっと嫌かもしれません。

何も現在進行中のうまくいってないことや、問題をリアルタイムで開示して、じぶんを切り売りするということではありません。**過去にあったうまくいかなかったこと、失敗した話など、そこからの教訓や、復活、修復の仕方などとセットで弱さを共有することで、魅力的なストーリーとして人の心に響きます。**

例えば、僕自身も仕事の会話で、初対面の相手から褒められて持ち上げられたりすると、ゴミ箱にゴミを入れる時に、30センチの至近距離でも必ず外す話や過去にあった間抜けすぎる仕事の失敗話なんかを挟んで僕へのハードルを下げていきます。

エンゲージメントを強固にするのは人間味

マーケティングの世界で「エンゲージメント」という言葉があります。これは人や、企業、商品、サービス、ブランドなどに対してお客さんがどれだけ愛着を持っているかの状態を測る言葉です。

このエンゲージメントが強ければ強いほど、商品やサービスを新たに買ってくれる、または継続的に買ってくれることになるのですが、僕はこのエンゲージメントという言葉は、本来の言葉通り病める時も健やかなる時も共に過ごせる仲のことを指すのだと勝手に解釈しています。

リアルな結婚生活みたいなものということですか？

そのようなものです。ミュージシャンや俳優のファンの人に多かったりしますが、彼ら、彼女らが何かしら軽度の不祥事を起こしても、その関係性が崩れることがほぼない関係。これこそがエンゲージメントが高い関係だと考えています。

誰しもがじぶんのことを世間に公開して、いろいろな批判にさらされ、平常でいられるハートを持っているとは思わないですが、何らかの関係性を望むためにじぶんを公開することを選んだ人は、ぜひ**うまくいっている面だけでなく、うまくいっていなかった面、プラスそこからの復活も見せることを意識してストーリーを演出**してみてください。

例えば個人なら、過去の恋愛話、先生や上司に怒られた話、イキがってた時代の香ばしい話（笑）、組織なら、業績が悪かった商品やサービスの話、返品が相次いだ話、開発時の揉め事など、いろんな話が人の心をつかみます。

これらは総じて**人間味があるから面白い**のです。そう考えると、いろんな演出よりも、等身大の人間がいちばんのコンテンツなのかもしれません。

WORK

あなたのしくじり話と、そこからの脱却ストーリーを人に話してみましょう。

もちろん人に言える範囲でかまいません。

相手を思う気持ちを設計するのがおもてなし

おもてなしってよく聞く言葉で、どこでも使われている概念ですが、簡単そうでとても難しいものです。

相手にとっての正解だけを考えるなら100点のサービスはできますが、相手の想像を超える120点のおもてなしはできません。

僕は究極、コミュニケーションとは、相手の期待を超えるもてなし、もてなされの関係性だと考えています。

例えば僕がAさんとBさんからプレゼントをいただくとします。Aさんは僕のことを考え、「熊野さんには、あれがいいかな？　これがいいかな？」と迷いながら、じぶんの価値観と照らし合わせてプレゼントを選びます。

結果プレゼント自体はその時に僕が求めているものじゃなかったとしても、その選んでくれた行為がとても嬉しかったりします。

Bさんは僕のことを徹底的にリサーチして、僕のいま欲しいモノをプレゼントしてくれます。それも嬉しかったりするのですが、僕はAさんのほうにおもてなしを感じ、Bさんのほうに正解を感じます。

この場合における「正解」とはどういうことかというと、リサーチで得られる「正解」は僕の正解であってBさんの正解ではないのです。なので、Bさんがどんな人なのか、僕のほうからは見えません。

ただ、Aさんも僕のことをあまり考えずに、単にAさん自身が欲しいと思うもの、面白いと思うものを買って僕にプレゼントしてくれた、ということだけが、透けて見えると、これも「おもてなし」とは違うように感じます。

おもてなしとは、とても難しい気持ちの設計で、どれだけ、じぶんなりに相手のことを想っているかということに尽きます。

広告などでよく見られる表現で「あなたの正解が、私たちの正解です」みたいなことを大きく掲げている会社はたくさんありますが、僕はこういうのを見ると、残念ながらその会社の限界が見えてしまいます。それは、自分たちで意思決定ができないことを露呈し、相手が仮に優柔不断な人（会社）だと、プロジェクトの方針や意見がコロコロ変わって大変なことになるのが予想されます。

このようにおもてなしとは、まず自分の中での正解や芯を持った考えを信じられないと、相手に施せないものであると考えます。そう考えると（僕は行ったことはないですが）政財界の方が通うような銀座のお店などは、ママがこの条件を満たしているのでしょう。ママたちは、おもてなしされる側のプライドやルールを傷つけずに、じぶんたちが信じる方向に話を軌道修正して、お客さまを楽しませます。

おもてなしする側のテクニック、僕も彼女たちから学びたいです。

りんご
に似てる

Chapter 4

トレンドを読み、うまく発信する

LESSON 20

「いいね！」「悪いね！」と思う人は同じ数いる

陰陽、葉っぱの表と裏、磁石のSとN、全ては表裏一体。ものごとの評価にも「いいね！」と「悪いね！」の相反する評価があります。「いいね！」が10あると、それと同数「悪いね！」がある……。そう考えると、自然と情報発信の考え方とやり方は変わってくるはずです。

どちらかに偏っているほうが不自然？

「いいね！」を増やすには人との接点を増やす

ネコさんは、スピーチやプレゼンテーションなど、人前で何かやることは得意ですか？　苦手ですか？

苦手です。まったく自信がありませんっ！

おっと、言い切りましたね。

「自信がない」「怖い」「実力がない」

この3つの言葉は、他人と話をすることや、何らかのプレゼンテーションをすることなど、人前で何かをすることを苦手としている人が、その理由としてあげるトップ3の言葉です。

僕が教えている大学の学生も、シャイな男女が大半なので、同じことを言ってモゴモゴしてしまいます。でも本当は、じぶんが考えていることや、やっていることに対して真意をうまく伝えられ、悪く思われるよりは良く思われるに越したことはないはずです。

ええ、もちろんです。

ひとつめの「自信がない」ことと、ふたつめの「怖い」ことは、他人に批判されることへの恐怖からきていると考えられます。また、この批判というものは、自分の努力次第で、称賛に変えられるという考え方をしている人は多いと思います。

例えば10人に何かしらのアプローチをかけて、それに対してはじめは批判的な人が6人、肯定的な人が4人だったとして、そこから自分の実力を上げる、もしくはコミュニケーションの仕方を変えた場合、批判的な人が2人に減り、肯定的な人が8人に増えるようなイメージです。

違うんですか？

ええ。これは何かしら努力していたら、必ず事態は好転し、幸せになれるという妄信にすぎず、悲しいかな実際はそうではありません。

えーーーーー！

好きも嫌いも同じ数

「肯定的な人と否定的な人の割合は、努力とは無縁でずっと同じ比率である」

これが僕の仮説です。現状よりうまく伝えよう、わかりやすく伝えよう、とする努力はまったくもってムダではないのですが、その目的が世間からのじぶんの見え方を変えて、関係性を向上させようとするものなら、現状コミュニケーションを取っている人の中で肯定的な割合を増やす努力をするのではなく、肯定的な人、否定的な人をひっくるめた、何らかの接点がある人の総数を増やす努力をすることが評価を高めていくための得策だと考えます。

もう少しわかりやすくお願いできますか？

では、図を使って説明しましょうね。

数学で習った人も多いのではないかと思いますが、正規分布図というグラフがあります（下図）。これは簡単に言うと、世界で起こる、いろいろな事象の確率をシンプルに表したものです。

何事も平均の数がいちばん多く、プラスであれマイナスであれ平均から遠くなると数が少なくなります。学力偏差値などもこれを使った値ですね。

図を見ると左右対称っぽいですね。

そうなんです。そこが面白いポイントで、プラスマイナスほぼ同じ値である、要は、好きも嫌いも同じ数あるという概念なのです。

具体的には社会学者のエヴェリット・ロジャースが１９６２年に発表した「イノベーションの普及プロセス」というものや、「働き

正規分布図

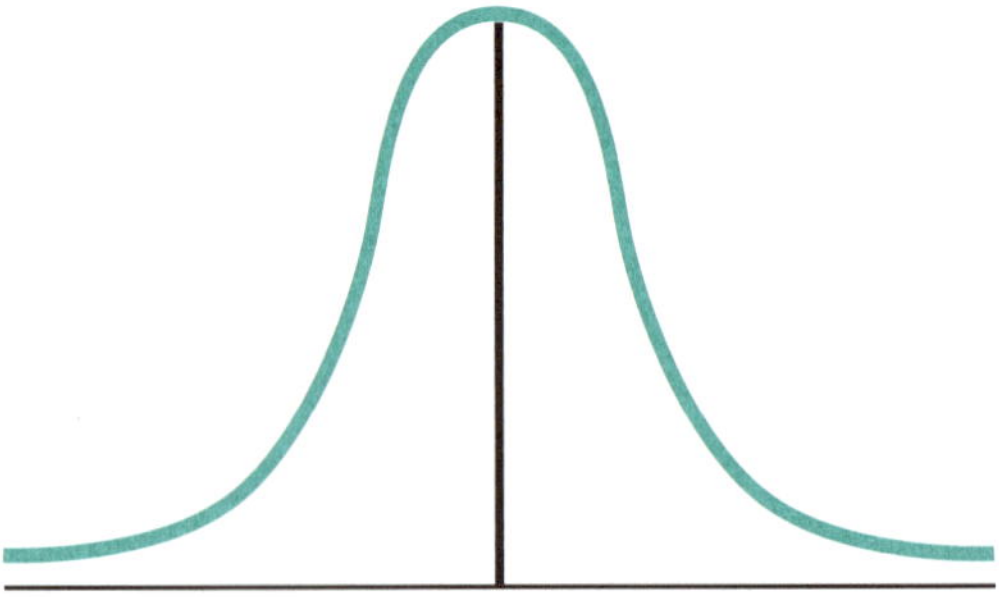

平均値＝中央値＝最頻値

アリの法則」、別名「262の法則」と名づけられた研究においてもざっくり、ポジティブ16％、まぁポジティブ34％、まぁネガティブ34％、ネガティブ16％という数字が出ています（興味のある人はネットなどで調べてみてください）。

へぇー、なるほど。「働きアリの法則」は聞いたことがあります。大体、職場で「よく働く人」「普通に働く人」「怠ける人」に分けると2：6：2になるというあれですよね。

ええ、そうです。

さらに、ここに僕の持論を加えると、ポジティブの16％の中でも「超高感度2・5％」「高感度13・5％」がいて、ネガティブの16％の中にも「超低感度2・5％」「低感度13・5％」が分かれて存在しているのでは？　と考えています。

そしてこの「超低感度2・5％」の層は、置き換えるとアンチと呼ばれる人や、ヘイトの意見を言うような人たち、と言い換えることもできるのではないかとも考えています。

「感度」と言うと、敏感とか鈍感とかいうことですか？

ええ、大まかにはそうですが、ここでの「感度が低い」は、コトに対しての共感の値が低いという意味で使っています。

例えばYouTubeで海外有名アーティストのミュージックビデオの評価を見ていても、視聴数に対してだいたい平均して全体の1・6％（超高感度2・5％＋高感度13・5％＝16％の1／10）がいいね！（高評価）をしていて、全体の0・25％（超低感度2・5％の1／10）が悪いね！（低評価）をつけている印象です。

つまり、コアなファンでもアンチなファンでも、よく見ると、同じくらいのパーセンテージの人が実際にネット等に反応している？ みたいなことですか？

そうですね。ただし、ここで僕が言いたいのは、**コンテンツの質や情報発信者の努力や見せ方の工夫など関係なく、その人に対して良く思う人と悪く思う人の割合は変わらない**ということなんです。

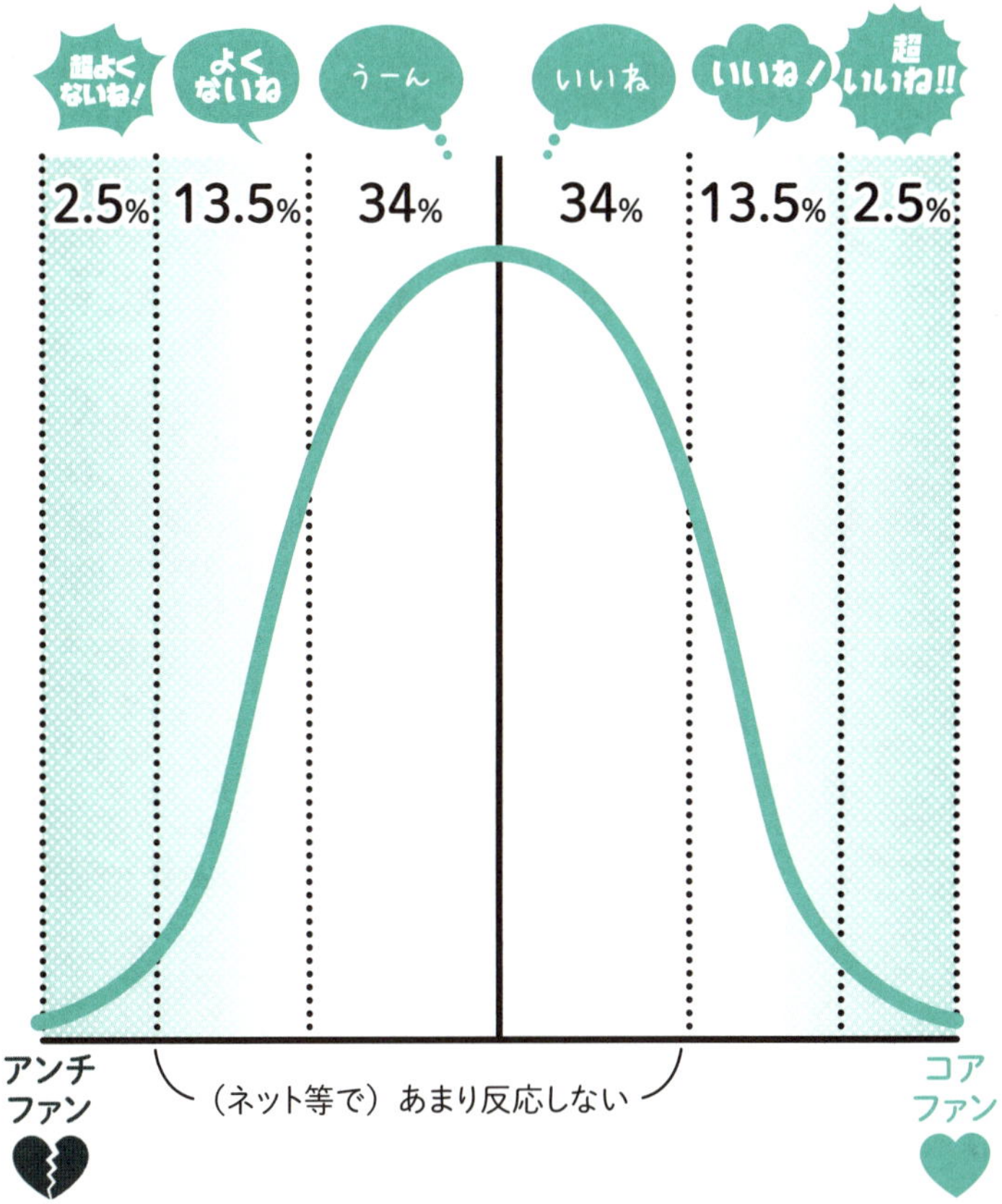
超よくないね！
よくないね
うーん
いいね
いいね！
超いいね!!
2.5%
13.5%
34%
34%
13.5%
2.5%
アンチファン
（ネット等で）あまり反応しない
コアファン

人の評価を恐れていても意味がない

でも先生、実際に努力しようがしまいが結果は一緒なら、みんな努力しなくなるんじゃないですか？

みなさんが頑張ってスキルアップすることは、相対的にみなさん自身や、その仕事や表現が多くの人に見られて評価されることにはつながるのでいいことだと思います。ただ、僕が言いたいのは、いま現在と変わらないコミュニティーの数の中で、ファンの割合を変えることは不可能じゃないかということなんです。

だから、最初にあげた苦手の理由としての3つ目の言葉、「実力がない」に関しても実力がついたと自負していようがいまいが、いつの時点で発表しようと対外的な評価にはあまり関係がない。つまり、「自信がない」「怖い」「実力がない」という思いの先の「人の評価」を恐れていても何も意味がないということです。みなさんのスキルや知名度に関係なく、ファンはできますし、アンチもできます。

何事においても、じぶんから何か情報を発信するということで、他者からいい評価のみを得ようという考えは理想論であって、現実には好き／嫌いひっくるめて評価されるということです。

とにかく発信することが大事なんですね。

そうです。「好き」と言ってくれる人が10人現れたら、目には見えない、耳には届かないけど10人に「嫌い」と思われているんだな、または逆に、一人でも辛辣な意見をしてくる人がいたならば、目にはしないけど一人はすごいファンもいるんだなと思いながら、自身や自身の仕事を世に出していけばいいのです。またそうしたほうが、精神衛生上いいのではないかな？　とも思います。

好きな芸能人、嫌いな芸能人ランキングでも上位にカウントされる人は、好きランキングでも嫌いランキングでも上位にいることが多いですもんね。

人前でじぶんから何か情報を出した際、悪い感じのことを言われるよりも、いい感じのことを言われたほうが気持ちいいことは確かですが、いい評価、悪い評価どちらかに偏っているコミュニケーションは自然な状態ではなく、不自然な状態なのだということを受け止めることからコミュニケーションは、はじまります。

だから怖がらないで、ネガティブな意見を言われても「ありがとうございます。勉強させていただきます」という受け止め方、またはスルーするくらいの心算でいてください。

心の線が細く、すぐに折れてしまいそうと自覚している人は、図々しく心構えるくらいのほうが丁度いい世の中なのかもしれません（笑）。僕もそっち方面の人なので、一緒に勇気を持って図々しく生きましょう。

WORK

一週間SNSの発信頻度を上げてみましょう。

↓

躊躇していた内容なども発信すれば、新たなファンができるかもしれません。

LESSON
21

発信している情報がわかれば印象はコントロールできる

Aさんは私を良い人に見てくれていると思う。Bさんはあまり良くない感じで見ていると思う……。では、Aさん、Bさん、それぞれあなたのどんな情報を読み取って評価しているのでしょう。じぶんが発信している情報がわかれば、じぶんへの印象をコントロールする方法も見えてきます。

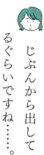

アカウントをキャラで使い分ける若者たち

じぶんから出している情報って、どんなものがどんな風にアウトプットされているかを考えたことはありますか？

じぶんから出している情報って言われると、ＳＮＳでじぶんの趣味を発信しているぐらいですね……。

ＳＮＳで言うなら、例えばＴｗｉｔｔｅｒのアカウント。そこでの情報はメイン画像と、アイコンの画像と、プロフィールと、つぶやいた内容が全てです。その情報に接する人は、テキストを読んだり、画像を見たりして、その人の趣味趣向や人となりを読み解きます。

ちなみに余談ですが、Ｔｗｉｔｔｅｒの場合、その内容は実際の人物のリアルな情報とリンクしていてもいなくてもかまわないので、主に若い人は交友関係のグループ別にキャラを演じ分けるアカウント、愚痴用のアカウント、趣味用のアカウント、仕事や学校用のアカウントなどを使い分けています。

そうですよね。友達とかもそんな感じで最初ビックリしました。

Ｔｗｉｔｔｅｒはアウトプットしている情報量が少ないので、じぶんでコントロールして発信するのが便利で楽しいというのと、じぶんを必要以上に勘ぐられたくない、守りたいという心境から、みんなそのようにしているのだと思います。

しかし、じぶんから発信している情報はそれだけではありません。現実世界ではＴｗｉｔｔｅｒなどのＳＮＳとは違い、人から発信されている情報はかなり多く、整理やコントロールは困難を極めます。

現実世界の情報ってなんですか？

人から発信されている情報全てです。具体的に言うと顔や体型や服やアクセサリーなどの外見、声の質や、話す内容、話し方、笑い方、爪を噛むといった無意識に行う癖など、多種多様な情報全部ですね。

そこまで入るんですか？

はい。実際に、あなたも初対面の人とお話しする時は、特にいろんな情報をつかみに行こうとしていると思います。

これが個人ではなく会社や組織であれば、広告やお店、WEB、企業運営のSNS、オウンドメディア、代表のどこかしらのメディアでのインタビュー、スタッフのお客さまへの対応などが、アウトプットしている全内容となります。

じぶんが発信している情報は総つっこみで確認できる

ではあらためて、普段みなさんは、どんな情報をアウトプットしているのでしょうか。ルックス、内面、癖、それぞれどのような内容を人に提供していますか？

うーん。

パッとはわからないですよね（笑）。それを客観的に知るのは本当に難しいことです。気にしている、こだわっている部分はパッと出てきたとしても、無意識の部分や癖の部分はなかなか出てこないものです。前のお話であった、カメラでじぶんを撮って分析にかけてもいいですが、今回はもうひとつの方法をご紹介します。その方法とは、**一度じぶんの悩みと、アウトプットしている情報を照らし合わせてみて、総つっこみしてみる**という方法です。

総つっこみ！

総《そう》つっこみです（笑）。具体的には次のような感じです。

・じぶんは明るいと思っていて、結構楽天家なのに、暗く見られることが多い。
↓モノトーンや寒色の洋服を着ていないか？

↓顔が無表情になっていることが多くないか？

↓話す内容が、あれが気に入らない、これは信じられない、こんなことで腹が立ったなどネガティブなことが、ポジティブなことよりも多くないか？

・人から服の話題を振られない（遠回しにオシャレじゃないという空気）
↓昔買った服をずっと着ていないか？
↓いまのトレンド情報を少しでも知っているか？（いま着ている服自体、組み合わせ方のお手本はどこにあるのか？）
↓その服を着ることで、他の人にどう見られたいか考えたことはあるか？

なるほど、でも一人では気づきにくいかもですね。

世のスタイリストやコーディネーター、コンサルティング会社がこれだけ存在しているのは、主観的に見つけることがとても難しい、パッと出てこない部分を客観的に見つけて指摘／改善してくれるからだと勝手に思っています。

みなさんは、他人や会社に依頼しないまでも、悩みを打ち明けられる家族や、とても仲のいい友達などに聞いてみるといいでしょう。

その時にあなたのコミュニケーションについて、あえていい点を挙げるならこんなところ、あえて悪い点を挙げるならこんなところというのを聞いてみてもいいですね。

そのコメントから関連づくアウトプットしている情報を整理してみればあなたがアウ

トプットしている情報は大体揃うはずです。

仲のいい友達に聞くのもハードルですが（笑）、なんとか客観視してみます。でも先生、私がアウトプットしている情報を整理して、その後はどうなるのでしょう？

アウトプットを比較する

じぶん自身の情報をなんとなく把握できてきたら、次はじぶん以外のどんなアウトプットの特徴を持った人にいいイメージを抱いているか？　もしくはどんなアウトプットの特徴持った人に悪いイメージを抱いているか？　を想像してみてください。

んー。分析ですね。そうですね、後輩の山本さんはとてもかわいくていつも好印象です。何がかわいいかというと、まずは外見の笑顔と、華やいだ明るい色の服とかからそう思うのかな。悪いイメージを持つ人は……。あっ、異性ですけど上司の宮本さんにはあまりいいイメージを持っていません。いつも怒った感じの表情で、言葉遣いも気を使っていない感じで、服の色も暗いものばかり。何より、靴の先がとんがっていて怖い（笑）。

いまお話しいただいたところに、じぶん自身の好き嫌いや評価の価値基準があるわけですが、じぶん自身を分析した結果とそれらの答えを比較した場合、どうでしょうか？

じぶんは、いいなぁと思う人と同じような情報を発信できているでしょうか。

ビックリです！　そう言えば私も案外暗い色の服ばかり着てて、この前街を歩いている時に友達から声かけられたんですけど、「何怖い顔して歩いてんの？」って言われたことを思い出しました。知らず知らずの間に、じぶんもじぶんが好まない人と一緒の情報を出していたなんて！

ねー。結構そんなことだらけです。僕も気づきがあってからは、いろいろなことに気を配りはじめました。ただ、品行方正に、人並みに、悪目立ちせず、というようなバランスの取り方に理想を置くことが正解だと思われがちですが、果たしてそれが本当のあなたなのかどうかというところにも同時に気を配らなければなりません。

そもそも、あなたはどんな個性を持って（つくって）、どんなことが好きで、何が嫌いな人なのか。その上で、どんなコミュニケーションを人と取りたいと考えているのか。これまで説明してきたことを参考に、じぶんに遠慮なく、一度よくよく考えて見てください。

僕は、個々人に特異な魅力や面白さが必ず備わっていると考えています。それを極端に隠すような、平均的に見せてしまうような演出とコミュニケーションは長期的に見て、結果じぶんにストレスのブーメランとして返ってくるように思います。いろいろ**カミングアウトしたアウトプットには勇気が必要ですが、そのリスク分の、強くておもしろいコミュニケーション体験と、友達やパートナーが得られる**ことでしょう。ぜひチャレンジしてみてくださいね。

WORK

いま、ここにいるじぶんに総つっこみしてみましょう。

↓
それはあなたにとっていい情報発信ですか？　悪い情報発信ですか？

LESSON 22

じぶんの感情に気づき上手にカミングアウトする方法

カミングアウトしたアウトプットには勇気も必要ですが、人を惹きつける力もあります。では、どうやったらカミングアウトしたアウトプットができるようになるのでしょう？　ここでは、その方法と心づもりをもっと詳しく見ていくことにします。

正直なじぶんをカミングアウト！

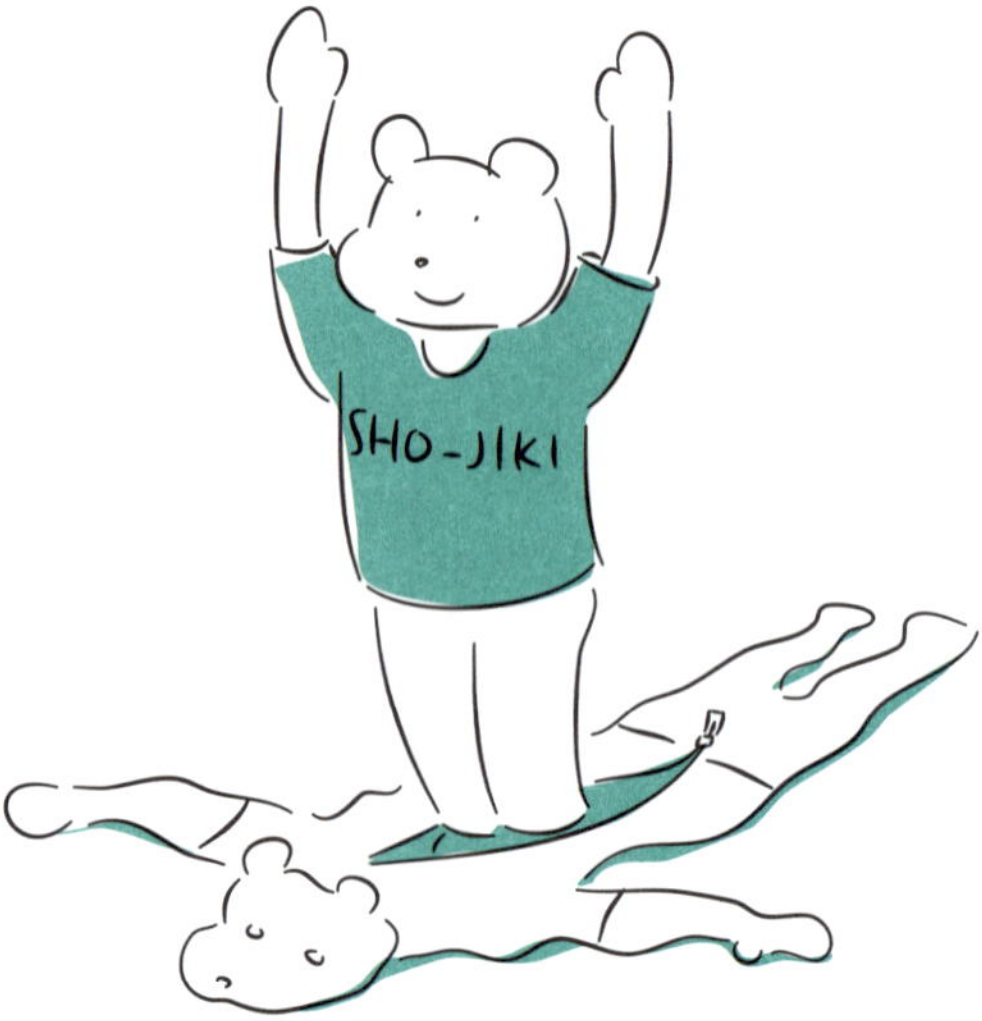

カミングアウトなしに共感はない

じぶんを良く見せようとして近しい人やSNSなどで「良いところ」ばかりを選んで見せていると、必ずやっかみを買ったりボロが出たりするものです。僕の周りでもそういう人（や企業）を見かけたことがあります。本人はじぶんのイメージを良くしたい一心なんですけどね。他に勝とうとか、出しぬこうという気持ちは空回りしやすく、残念な結果を招くことが多いように思います。僕は、**これからはもっと正直さがクローズアップされる時代に入る**と考えています。

正直さってどんなことですか？

正直さとは、盛ったり取り繕ったりといった、演出された表面的なところだけを見せるのではなく、たとえそれがバカバカしいことだったり間違っていたりしても、その現実を直視してじぶん自身を受け入れ、そんなじぶんをカミングアウトすることだと思います。またそれが他者への共感につながっていく第一歩とも思います。

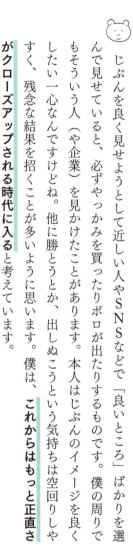

うーん、それは開き直りみたいなことですか？

自暴自棄になって開き直ることとは違い、じぶんへのあきらめがない状態のことを指します。つまり、**じぶんからの何らかの情報発信には相手への思いやり以前に、じぶん自身に正直に向き合う勇気が必要である**ということです。

そして、その勇気を持ったじぶんの正直な気持ちへのアクセスが結果、他者への配慮や思いやりにつながります。格好つけることも、美意識も、いまよりもより良い暮らしを求めるのも、どれも大切なことですが、その奥にある繊細な気持ちや、正直な感想や、ニッチなこだわり、趣味趣向といった、とても壊れやすく脆いものの開示は、きっといろんな人が温かく接してくれて、そこから気持ちがつながっていくことでしょう。

カミングアウトするにも勇気が必要そうですね？

そうですね。たまにそれを攻撃してくる人もいますが、そこに正直さが備わっていれば、たちまちそういう人はどこかに吹き飛ばされていきます。#metoo運動も

そうですし、クラウドファンディングなどの人の想いを前提とした構想に投資するといった世の中の動きもこれらを如実に現しています。

気持ちの掘り下げでじぶんの感情に気づく

でも、その気持ちへ正直なアクセスができるようになるための勇気はどうやったら湧いてくるのでしょうか。

その方法は、まずはざっくりとした気持ちや感情の言葉を詳細に掘るところからはじめます。簡単に言うと**「なぜ、なぜ、どうして」**とじぶんに問いかけるのです。

例をあげてみましょう。

私はイチゴが好き↓**なぜ**↓甘くておいしいから↓**なぜ**↓食べると幸せな気分になれるから↓**どうして**↓幸せな気分の原点は、誕生日ケーキやクリスマスケーキにイチゴが乗っていて、なんとなくその時の嬉しいイメージをほんの少しだけ思い出すからかも。みたいな感じで、やってみてください。

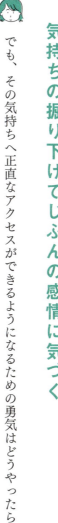

私は部長が嫌い→**なぜ**→口が悪いから→**なぜ**→いつも仕事が遅い私のことを「ノロマ」と言うから→**どうして**→確かに私は人と比べて仕事をするスピードが遅くて図星だから腹が立つせいもあるけど、そのことについて「ノロマ」という言葉で貶すことに腹が立つから。他にも汚い言葉を使う人だけど、それらはスルーできるのにこの「ノロマ」だけがスルーできないのは、やはりじぶん自身への反省もあるからなのか。

おー、なんとも赤裸々ですね（笑）。でもそのような感じで、**雑に思っていたことを「なぜ、なぜ、どうして」と詳細を詰めていくと、どんどん赤裸々な自身の感情や考えが見えてきます**。その赤裸々な部分を格好つけずに、勇気を持ってシェアできるようになること＝気高さを持つことは、結果じぶんのことを理解してくれる人が増えることにつながるのではないかと思います。

\WORK/

良いと思うこと、悪いと思うことを掘り下げてみましょう。

「なぜ、なぜ、どうして」を使うのを忘れないでくださいね。

LESSON 23

他人の常識を知り じぶんの常識と折り合いをつける

１００年前の常識、50年前の常識、いまの常識。年齢の離れた人と話していると「あれ？　常識の感覚違うな」と感じることがあります。どの時代の価値観、知識、判断も肯定するならば、正しいって何なのでしょうか。そして、これからの常識って何なのでしょうか。

このバッグはどうして良いのかしら？

普通、一般的、常識って何？

みなさんは有名なブランドものの鞄について、何をもって良いとか悪いとかを判断しているのか、考えたことはありますか？

ないですね。自分の趣味とは違っても、高価な鞄は、なんとなく「良いもの」として認識しています。

なるほどなるほど。僕も同じような感覚です。もう少し詳しく見ていくと、

- **これは価格が高いから良い**
- **これはみんなが良いと言っているから良い**
- **これはたくさんの人が買って持っているから良いに決まっている**

みたいなものから、他にもいろいろとその価値を後押しする理由があると思いますが、だいたいその枕詞には、普通は、一般的には、常識的には、といった言葉がつきませんか？

確かにそうですね。具体的な何かと比較しているわけでもないのに、そう言っているかもしれません。

普通、一般的、常識といった観念ですが、二十世紀は、情報を発信するメディアのチャンネル数が少なかったのと、そのチャンネルを利用していた人たちが多かった時代だったので、共通概念が通用していました。

でも、時代は移り変わり、テレビや新聞の視聴数、購読者数が減ってくると「多数の理論」が形成しづらくなってきたように思います。

これからのネット社会はより一層、情報ソースの多様化とフィルターバブルが加速していくことで、ミュージシャンの小沢健二さんがTwitterで呟いていたように「忘れるな、他人の普通は、超異常」（笑）となり、常識の概念が崩壊していくように思われます。

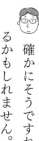

フィルターバブルってどういうことですか？

フィルターバブルというのは、アメリカのイーライ・パリサーという人が唱えたもので、インターネット上のユーザーの行動データをＡＩなどが解析し、その後ユーザーが「いいね！」と思う、情報ばかりがそのユーザーのもとに表示されるようになり、結果、思想的に社会から孤立するという考え方です。

いまでもネット広告は、あなたの行動から推測される、あなたの興味のある広告が多く出ますよね。ＳＮＳでもじぶんのフォローしているところからしか情報は入りません。それが行き着く先、みたいなことです。

じぶんだけの普通ということですか……、仰る通り常識の崩壊ですね。

２０２０年の常識は存在しない

現在、テレビや新聞といったオールドメディアの常識とネットの常識が乖離していきているのは、単純にオールドメディアが高齢層、ネットが若年層と、世代で利用するメディアが分かれているからです。

確かに。なんかテレビで語られていることと、ネットで語られていることの違いが

どんどん広がってきているように思います。それに、いまやテレビの広告費を抜いてインターネットが最大の広告メディアですものね。

その通りです。

これまではオールドメディアをメジャーとして、それに対抗するマイナーな存在としてのネットという関係だったものが、いまでは反対にネットがメジャーに、オールドメディアがマイナーになっている感もあります。

テレビや新聞と違い、ネットには無数のチャンネル（ウェブサイト）が存在し、それぞれが発信する情報はバラバラなので、昔のような「普通」や「常識」といった感覚をメディアがつくることは難しいでしょう。

みんな違っていい、というような多様性を認めようとする運動が盛んになってきたのも、この背景があるからだと考えています。

私は、これは時代なんだから仕方のないことだと思います。いつの時代にもその時代の常識がありますから。

ただ、いつも古い常識の概念が、新しい概念に取って代わられるのは、そこに意識やニーズがなくなったから仕方のないことなのですが、今まで時代を培ってきたものや、多くの人から支持されてきたものへの理解、新旧双方の互いへの理解がないといけないと考えます。**自分の世代の思想と違っても、一度過去の常識を受け入れて考えてみることが大事**ですね。

なるほどです。

物事は、主となるものと何かを比較して説明することで他人の理解を得られやすくなります。過去にメインカルチャーがあってサブカルチャーが存在したように、ちょっとズラしたものや、ハズしたものというのは、メジャーがあっての、サブという比較の構造があって、存在し得たのです。

でも、ネットというものは、中身を見ていくと無数の思想があります。その考え方もバラバラです。よって、主となるものがあるようでありません。それでもその時代や、地域や、組織の常識と言われている軸を探し出し、定義付けた上で、新しいものとを比較することは大事なことです。

まずはじぶんの常識とは違う、他の常識の中でじぶんの常識との共通項を見つけること、そして次に共存できる方法を考えること、そして最後にどうしても差が生まれる部分にどう決着をつけるかを考えることがこれからの時代はとても重要です。

\WORK/

あなたは有名ブランドの鞄と聞いて何を思い浮かべますか?

あなたとは違う価値観をもった友人や年代の違う友人の意見も聞いてみてください。

LESSON 24

みんなの共感を呼ぶのは理屈なく「好き」という熱量

どんなに役に立つ情報よりも、どんなにいいこと言っている投稿よりも、人を惹きつけるのもの、それは「熱量」です。人のニーズは関係なく、じぶんが好きだと思っているからやっているというう「熱量」こそが、人の気持ちに響くのです。

「好き」であることは無敵!!

熱量はたいてい「好き」から湧いてくる

合理的に生きていく方法や、そのマインドセットの築き方は、たくさんの本やネットのテキストになっています。この授業もそのグループの中のひとつなのかもしれませんが、そういうテクニックより以前に僕がいちばん大事だと感じていることは、人の熱量です。

アツいですね。

レッスン04でもお話ししましたが、人の熱量はたいてい「好き」からきています。「怒り」から熱くなる人はいるにはいますが、負の動機で熱くなった表現はどこかぶっきらぼうで暴力的です。
「好き」で、うんと熱くなること。周囲の反対なんて耳に入らないほど集中できること。これは、若い時のほうが邪心なくピュアにものごとや人に対して「好き」と言えることが多く、そしてその時に体験した熱さの記憶は一生残ります。

初恋とか！

アツいですね。その他にも、若い時にハマったあれそれ、どこそこなんていうのも当てはまります。理屈から入る「好き」や、理屈で正当化する「好き」とは違う、**とにかく理由なんてどうでもよくて「好きなんです」というのは無敵**です。他が見えないとか、バランスを欠くとか、そんなことも関係なく、とにかくそれがある人は幸せだということです。

先生もどんどんアツくなってきていますが、大丈夫ですか？

大丈夫じゃないですね。没頭する能力というのは、対象が人であれ、オタクなことであれ、グルメであれなんであれ、「好き」という理由だけで自然と培われるものですし、何よりもそこには見返りの概念がありません。何々を得られるからこれを頑張るとか、そんなのではなく無償の愛です。

無償の愛？　先生本当に大丈夫ですか？

大丈夫じゃないですね（笑）。いまの時代の共感の概念は、人にじぶんの意見やスタイルを賛同してもらうように演出することがよしとされていますが、これからはその人の「好き」の没頭に対しての共感へと変わっていくように思います。

でもそれ、なんかわかるような気がします。私の友達は、人から何かを褒められると「そんなことないですよ」とか「そんな大したものではありません」なんて謙遜するんじゃなく、「ありがとうございます。私これめちゃくちゃ気に入ってるんです！」と自身の「好き」を認めていて、いつもとても素敵だなと感じてしまいます。

本当に素敵ですね。ちょっとでもネットを覗けば、役に立つ情報や、共感しやすい表現、いいこと言っている投稿など、いっぱい目に入ります。

誰が最初にそれを言ったかなんて人は気にすることはなく、たとえそれがどっかからのコピー&ペーストであっても、それを読んでいる瞬間の自分にとって合理的であったり、気づきであったりする情報は善と認識されているような気がします。

でも、そんなテクニックよりも、自身の中にある熱い「好き」を共有していったほうが、これからはいいのかもしれません。

本当にそうですね。

好きだからそれをやるで十分

ちなみに僕の「好き」は、じぶんの行いで人を楽しませたり、心地よくさせることです。例えば仕事で「こんなことを悩んでるんだ」と相談されて「うまくいっていない原因はここにありそうなので、これをこうやったらいかがでしょう?」「あ！　うまくいった。ありがとう！」と言われるようなこと。

例えば家で妻や子どもを笑わせること。

例えば進路に迷っている学生の頭をほぐして、一緒に整理すること。

話していて綺麗ごとすぎないか？　と自分でも思いますが、実際そうなのです。

でも昔は、勘違いして天狗になっていた時期がありました。「じぶんには人様の問題を解決できる才能があるのだ」とか「人に望まれるので、じぶんはサービスをしているのだ」みたいな、本当にこじらせた酷い考えを持っていた時期もありました。これはプライドでもなんでもなく、傲りですね。

しかしいまはもう、ただただ人のニーズは関係なく、じぶんが好きだと思っているからやっているという感覚になりました。情けないことに、この感覚になるまでにかなりの時間を要しました。

ただ好きだからそれをやる。これ以上シンプルでナイスな動機は他にないですね。

大人になればなるほど、なんだかんだ知れば知るほど、ものごとに意味や理由を求めて、本質の大事な部分に自らフタをして捉えていきがちですが、時にはそんなフレームから逃れて純粋な「好き」をあらためて見つめてみるのも大事です。

WORK

「とにかく好き」という思いをＳＮＳにアップしてみましょう。

↓小さい頃、理由もなく好きであったことでもかまいません。

流行がない、いまの時代で大事なのはとにかく熱量

インターネットが世に出てきてから、流行というものが希薄に感じられるようになってきました。

これまでの流行はメディアのチャンネルの少なさが前提で成り立っていたものであり、これだけ多種多様なコンテンツが把握できない数存在し、欲しいものをサーチすればすぐに手に入る時代において、流行をつくることも、それにのることも難しくなったということです。

テレビ、雑誌などのオールドメディアを使って誰かがつくり出した比較的大きなムーブメントというのは、これからも消えることはないと思いますが、その規模は年々小さくなっていくことは間違いないと思います。

「いまの大学生はどんな感じですか?」と30代以上の人から聞かれると、僕は決まってこう答えます。

「まず、モテ層（体育会系インテリ層）とオタ層の数が反転しました。いままでマジョリティーだったモテたい人たちがマイノリティーとなり、オタクがマジョリティーになりました。モテたい人たちは『意識高い人たち』という括りでオタ層からグルーピング化されていますが、過去にモテ層がオタ層を邪険に扱っていたのとは違い、オタ層からモテ層への軽蔑やイジメはありません。大学生の中のダイバーシティはすでに大幅なバージョンアップを完了しています」

社交的かつ合理的、実利的にものごとを捉えられる人が世界的に見ても「デキる人」のイメージであり、日本も教育改革において、世界的に活躍する人（モテ層）を育てるべくカリキュラムや評価方法を変えていこうとしていますが、実際はそれとは真逆の内向的、妄想的かつ理想主義な人たちがいまの多数派なのです。

だからこそ教育で意識高いモテ層の割合を増やしていこうとする動きも理解できるのですが、僕はいまの状況を受け入れ、モテ層への転換を促すのではなく、そのままオタクと括られる人たちの熱量こそ、もっと伸ばすべきだと考えています。

なぜそのように考えるかというと、そもそも流行にしても合理的という考え方にしても、資本主義の考え方に則って、いかに生産性を上げてコミュニケーションロスをなくすことでお金をよりたくさん回せるようになるのか、ということを基軸につくられています。

前述した通り、合理的、実利的というのは、人の過去の行動データを読み取り、そこから最適化されたコミュニケーションを提供することによるもの＝空気を読むコミュニケーションです。それに対し、内向的や妄想的なもの＝空気を読まないコミュニケーションは、外を向いていません。ただ、いまはそちらのほうが結果的に資本主義における市場的価値へつながるマインドに近いのではないかと見ています。

人は、儲けようとする他者の行いに基本的に良いイメージを抱きません。

この感覚は特に日本の人々の中で年々増長されてきており、SNSで企業の投稿がシェアされたり、リツイートされたりすることがめっきり減ってきたのも、ステマ（ステルスマーケティング）に加担しているように見られるのが嫌だとか、そもそも意識高い一派にじぶんが見られることがマイナスイメージだと感じているからではないでしょうか。

また、マーケットリサーチの分野でAI化が進み、あなたのことは過去の行動データから知っています、そこから予想されるあなたに最適なコミュニケーションやモノはこちらですと言われて、スッとその思惑に乗っかる時もあれば、そうでない時もあるでしょう。amazonのオススメを買う時もあれば、本当はちょっと気になっていながらも、なぜか天邪鬼になって、こんなの好きじゃないし、とスルーすることもある。ここにマーケティングフレームの限界があると思います。

最近じぶんの中で、トヨタ自動車のイメージがどんどんアップしています。個人的なプロダクトデザインの趣味趣向としても、昔よりもステキなものが増えてきたこともありますが、いちばんの理由は社長です。豊田章男さんのファンになったのです。彼は日本を代表する巨大企業の社長であると同時に自らを「ただのクルマ好き＝カーガイ」であると言っています。

また、彼はクルマのテストドライバーとしても、社内の長老に教えを請い、鍛えてもらって自ら発売前の商品をテストして調整を進めます。

モリゾウというハンドルネームを使う時は、社長という肩書きを捨てて、社員やお客さんと同じ、ただのクルマ好きのテストドライバーとして現場やメディアに登場します。それに、スキャンダルや不祥事がメディアで取り上げられた際には、自ら進んで誠意あるメディア対応をし、組織を守ります。

こんな人がトップにいる会社の商品は期待できる。
こんな人がトップにいる会社は好感が持てる。

そういうところからのトヨタの個人的なイメージアップです。それは、最適化されたコミュニケーションでもなんでもなく、豊田章男さんの熱量と正直さと、そのメディア演出にやられた、ということです。どちらかというと豊田章男さんのオタクな部分や実直な部分に共感したという感じでしょうか。

もちろん、超優秀な経営者であるという能力もお持ちのハイブリッドガイなので、これを機に一概にオタクの社会的評価がぐんぐん上がるというわけではありませんが、評価軸は少しずつ変わってきているように思います。

LESSON 25

相手を巻き込むには圧倒的な「愛」でじぶんを肯定する

叱って伸ばすか、褒めて伸ばすか。そんなの褒めて伸ばすほうがいいに決まっています。自己のアイデンティティーも同じで、否定するよりも肯定しまくるほうが相手に伝わり、共感も得やすい。いまはそんな時代です。

批判するのって、なんかやだよねー！

批判するよりも褒めまくるほうがいい？

大学で教えている10年の間に、僕の考え方が変わったことがいくつかあります。そのうちのひとつが、自己（自社）のアイデンティティーの確立の仕方です。

面白そうですね。聞かせてください。

「新しいものや文化は、既存のものを否定する（した）ところからはじまる」という思想のベースがあった僕は、そのことに対して疑問も嫌悪感も抱かずにいました。ただ、ものごとを否定／批判するにあたっては、

1　否定／批判する際にはセットで自分が考える新しい代替案を出しましょう（単に否定することは、ただの文句なのでやめましょう）

2　誰かの意見や考えを否定／批判することはいいけれど、相手の人間性自体を否定するようなことはご法度です

というルールも同時に伝えてきました。

私も、クマ先生の意見に同感です。何も疑問に感じないのですが。

実は、それに対しての学生の反応が5年くらい前から変化してきたのです。
具体的には「何事においてもできるだけ否定したくない。できるだけ肯定したい」「自分が批判されることに恐怖を覚える」といった意見が増え出てきました。

うちの会社でもそう感じることがあります。「ずいぶん弱腰なやつが増えてきたな」なんて同期のやつと飲み会の時に話したりします。

僕も当初は「チキンな人の割合が増えてきたな、それは誰だってじぶんを批判されるのは怖いから、同じように人にもしたくないのね」くらいの捉え方をしていたのですが、年々「批判すること」が学生の中で絶対悪として認識されていて、前述のルールをもってしても「悪いことだから、否定はやっちゃいけないこと」というバイアスみたいなものを拭いきれないことを実感してきました。
こうした、僕と学生の感じ方のギャップをどう解釈したらいいのか、どう理解したらいいのかをずっと考えて、主に現代のネット、テレビ、ラジオのコミュニケーショ

ンを研究してきました。そこで見えてきたことはものごとに対しての否定的な見解について、オールドメディアでは、編集者やご意見番的な人が正論として意見するのに対し、ネットではいろんな匿名の人の有象無象の意見が入り混じりますが、そこに正解とするものがない、ということです。

正解がない、乗り越えられないジェネレーションギャップ……。

そんな中で、新しい自己のアイデンティティーの確立のさせ方のお手本だと考えているのが「さかなクン」です。

キーワードは「さかなクン」

さかなクン！　彼ってタレントで、魚類学者で、東京海洋大学名誉博士、東京海洋大学客員准教授で驚いた時に「ぎょぎょぎょ！」というのが口癖の……、さかなクンですよね。

詳しすぎますね（笑）。はい。そのさかなクンです。彼は圧倒的なお魚愛と、そのキャラクターで一躍人気者になりました。彼はお魚が大好きですが、例えば虫好きの人に対して「虫好きは魚好きに勝てない」とか「虫好きはわかってない」などと否定しません。何かを批判する言葉を発する時間があれば、自身のお魚愛について、より深くプレゼンテーションを続けます。

確かに。さかなクンが他の人を否定しているところ見たことがないですね。

いままでのアイデンティティーを確立させるための方法として、他を否定するのが1、自己を肯定するのが1で「個」が成立しているのに対して、さかなクンは、否定0、肯定2でコミュニケーションしています。圧倒的なものごとへの愛を持ってその愛の力で周り

否定はせず、ただ好きをプレゼンしまくる

を巻き込んでいく。それが敵をつくらず、愛とキャラの強さゆえ周りに存在を認めさせる力となっていて、そのコミュニケーションの方法はとても高度なのですが、いまの若者（学生）たちが憧れる方法になっているのではないかと考えています。

否定をしないと言っても、周りの空気を読んで合わせることとも違いますね。

僕は、周りの空気を読みすぎて疲弊するなら、さかなクンのように、**あなたの好きを一方的であってもプレゼンしまくることが、結果的に周りの共感を得て、アイデンティティーを確立できることにつながる**のではないかと思っています。ですので、これからの授業もそのように若者を捉え、考えを伝えていこうと思います。

\WORK/

じぶんの好きを企画にしてプレゼンしてみましょう。

相手の反対案を否定せず、じぶんの案に巻き込んでいけるよう頑張ってみましょう。

じぶんとは違う正解と共存する社会が多様性のある社会

学校の校則が正解だとすると、みなさんは学生時代ずっと正解を出し続けていたでしょうか。スカートを短くしたり、髪型を流行のものにしてみたり、遠足のおやつで決められた金額以上のおやつを買ってみたり（笑）。最近は学校での問題が先にあげたような学生の若い美意識や食欲に関係するものではなく、もう少し複雑になってきています。

例えばそのひとつが、スマホ問題。学校側は授業や友達同士のコミュニケーションの妨げ（いじめ）につながる可能性があるので持参するのは禁止、と正解を掲げますが、親の中には防犯上の観点からスマホを常に持っていてくれたほうが安心、という正解を掲げる人も少なからずいます。

テレビの録画機器にCMスキップボタンというものがあります。これは録画した番組のコマーシャルをスキップできるという機能で、CMを流すスポンサーからすると、自分たちのCMが視聴者に見てもらえないわけですから、その機能は悪です。

しかし立場を変えて番組視聴者視点で捉えるとCMスキップボタンは、コンテンツだけを見続けることができるので、とても便利なものです。この場合、テレビの録画機器メーカーは自分たちが打つコマーシャルもお客さんに見てもらえない可能性があるのにボタンを設置したということは、メーカーの正解より、視聴者の正解を重視したということになります。

先日スウェーデンのクルマメーカー、ボルボ社が自社のクルマの最高時速を180キロに制限するとアナウンスしました。そうしないと死亡事故を含む重大事故が減らないと彼らは判断したからだそうです。ただ、いま現在の日本の最高制限速度は120キロ。つまりボルボ社の自主規制があっても、まだ60キロスピードオーバーできる性能余地を残しています。

これは、道交法の正解以外のスピードを出せる選択をあえて残しているわけで、もちろん法規は守らなければいけないのですが、この場合においても、法規上の正解と、制限速度以上スピードを出せるクルマを購入したいユーザーの正解とふたつの正解が存在するということを意味しています。

このように、立場の違いや考え方の違いによる、いろいろな正解が世の中には存在します。これをどのように整理しておさめていくかが、これからの時代は特に問われていきます。国の法律というものは厳守しないとならないものですが、それをボーダーラインとして、そこから上の数々のルールや習慣は、時代や文化やモラルに左右されます。

そこで考えなければいけないのは、体制的な正解と、正解じゃないけれど、じぶんが共感できる、じぶんの中の正解のふたつをどのレベルで折り合いをつけ、納得するかです。僕は、そのどちらもが、どちらにも認められて共存できる社会が、真の多様性社会だと考えています。

これからは、じぶんとは馴染みのない他国の正解や、じぶんとは違う世代の正解などが次々とじぶんの価値観を揺さぶりにきます。例えば、海外と日本の正解の違いで言うと、海外のお店やレストランでは笑顔などのサービスがないところが多く、日本のようにどんなお店でも笑顔と手厚いおもてなしがあるところからすると、海外の方の日本での働き方に疑問が湧くかもしれません。

しかし、彼らにとってはそれが当たり前かつ正解で、サボっているわけでも怒っているわけでもありません。また、世代差のテクノロジーとのつき合い方の問題などもあるでしょう。支払いは現金が正解の世代と支払いはスマホでキャッシュレスが正解の世代、ギャップはかなりありますがどちらも正解です。

前にも書きましたが、じぶんの価値観や常識とは違う正解に当たった時には、スルーするのではなく、まずはじぶんの中に他の正解を受け入れてみて、判断してみてください。拒否や遮断をするのではなく、一度受け入れてみることが大切です。

いろんな人が、いろんな正解を認め合い、正解が共存できる社会になればいいなと思います。

キーンコーンカーンコーン

\\ おわりまーす！//

おわりに

いかがでしたでしょうか？

「はじめに」でも書いたように、この本は僕が10年以上大学で続けてきた「コミュニケーション論」という講義がベースになっています。

その内容を書籍というツールを通して、よりわかりやすくみなさんに伝えるために、本書では登場人物として40代の男性・カーさん、20代の女性・ネコさんにご登場いただき、話を展開してきました。

これは、本書で伝える内容が、僕の独りよがりにならず、みなさんに少しでも共感を覚えていただき、より理解してもらうために考え、とった手法です。そういう意味で言えば、これもコミュニケーションデザインの一手法と言ってもいいでしょう。

いまやWEB上には多種多様なコンテンツが存在し、あらゆる情報があふれかえっています。そのような中で、一方通行的な情報発信や主張を繰り返していても、誰も振り向いてはくれません。どんな情報でも、どんな関係でも、発信するのも人であれば、受け取るのも人です。だからこそコミュニケーションをデザインする必要があるわけです。

以前、学生にこんな話をしたことを思い出します。

「みなさんよく、いい学校に入りたいとか、いい会社に入りたいとか言います。しかし、この『いい』というのはいったい何が『いい』のでしょうか。

これにはいろんな意見があるとは思いますが、僕は未来への選択肢が多いことを『いい』としていると考えています。

いい学校では、いろんな将来を選択でき、いい会社ではいろんな働き方を選択できる。そうしてある程度のお金を得ると、何かしようと考えた時に行動の幅も広がります。すなわち、みんな選択肢を増やすために一生懸命勉強して、それぞれの『いい』を目指しているのではないでしょうか。

僕は豊かさって選択肢の多さにあると考えるし、いろいろなものの見方をできる人ってすごく豊かな人だと思います。

逆に一方的なものの見方しかできない人は貧しいなと感じてしまいます。生き方でもなんでも、何かしら行動する際には、どれだけたくさんのものの見方ができるかということが重要になってきます。

つまり、優れた人というのはその時点でお金を持ってようが持ってなかろうが、とても豊かな人なんですね（笑）。みなさんにはそうなってほしいと思っています。

いろんな選択をする際に「これしかない」と感じるより、「あんな方法もこんな方法もある！」というほうがワクワクするはずです。

そして、いろんなコミュニケーションのアプローチをとりながら、時には成功したり、時には失敗したりを繰り返し、最終的に〝豊か〟で〝いい〟暮らしを手に入れる。本書をお読みになったみなさんが、そのようにじぶんの人生をデザインできる人になっていただけたなら、著者としてこれ以上の喜びはありません。

最後に、この本を出版するにあたって「くまちゃんは絶対本出したほうがええ！」と出版社をご紹介いただいた株式会社ログインの野木志郎さん、20代の海のものとも山のものともわからない若造の僕を精華大に誘ってくださった教授の森原規行さん、全てにわたり、いろいろ相談、協力をしてくれたエレダイ2の嫁乃加織さん、柳田義幸さん、左近榮梨さん、本当にありがとうございました。大好きです。

僕はどうも人から「いつも楽しそうに生きている」と見られているようです。そんなことないですよ、本当はしんどいことも山のようにあって、苦労、苦労の連続で必死で取り繕って楽しそうに見せているだけですよ、なんて書いたほうがいいのかもしれませんが、本当に人生楽しいです。

もちろん、疲れることも、たまにイラっとすることもありますが、それもこれも後で笑い話になるので結果、楽しいです。

つまるところ、その楽しさは、ステキな人たちに囲まれているからだと日々感謝しています。家族、友人、同僚、クライアントのみなさまなどなど、どの人も本当にステキな人ばかりです。

歳を重ねるごとに何が自分の財産かということが徐々に見えてきました。

やはり、いちばんは人です。

じぶんにとって大切な人たち、じぶんのことを頼りにしてくれる人たちと、笑い合って生活できていることこそが、最も尊いものだと思います。

じぶん自身と、うまくやる。じぶんの大切な人と、うまくやる。じぶんが苦手な人とも、うまくやる。そうすると、人生楽しく、うまくやれる！　はずです。みなさんも、うまくやってくださいね。

最後までお読みいただき、本当にありがとうございました！

2019年9月　熊野森人

プロフィール

熊野森人（くまのもりひと）

1978年生まれ。大阪府出身。大阪市立工芸高等学校映像デザイン科卒。IAMAS（岐阜県立国際情報科学芸術アカデミー）特別研究課程修了。株式会社エレダイ2代表取締役／クリエイティブディレクター。株式会社ゆっくりおいしいねむたいな代表取締役。京都精華大学や京都造形芸術大学では講師も務める。

仕事の領域は大きく分けて3つあり、1つめが企業の商品やサービスの売り方を考えて広告をつくったり、企業そのものをブランディングしたり、行政の企画を練ったり、自社で食時間を豊かにデザインする仕事。2つめが学生に「考える方法」と「行動する方法」を教える仕事。3つめは家で子育てをしたり、食器を洗ったり、掃除したりする仕事。

2つめの仕事では、2019年で勤続13年となる京都精華大学にて「コミュニケーション論」と題し、「考え方の考え方」「考えの共有」などを、京都造形芸術大学では「空間デザイン・ソフトリノベーション」と題し、コミュニケーションデザイン視点で空間を構築することを、教えている。他大学、企業、セミナーなど講演も多数。京都精華大学の授業内容を中心とした「じぶん編集の授業」をnoteにて好評連載中。

https://note.mu/eredie2

うまくやる　〈検印省略〉

2019年 10 月 29 日 第 1 刷発行

著　者――熊野 森人（くまの・もりひと）
発行者――佐藤 和夫

発行所――株式会社あさ出版
〒171-0022 東京都豊島区南池袋 2-9-9 第一池袋ホワイトビル 6F
電　話　03（3983）3225（販売）
　　　　03（3983）3227（編集）
F A X　03（3983）3226
U R L　http://www.asa21.com/
E-mail　info@asa21.com
振　替　00160-1-720619

印刷・製本（株）光邦

facebook　http://www.facebook.com/asapublishing
twitter　http://twitter.com/asapublishing

ISBN978-4-86667-154-3 C2034